HOLT 3 FRENCH

Allez, viens!®

Testing Program

HOLT, RINEHART AND WINSTON

A Harcourt Classroom Education Company

Austin · New York · Orlando · Atlanta · San Francisco · Boston · Dallas · Toronto · London

Contributing Writers

Stuart Smith
Austin Community College
Austin, TX

Elizabeth M. Rowe
Oceanside, NY

Jena Hiltenbrand
Austin, TX

Cover Photo Credits
CD: Digital imagery® © 2003 Photodisc, Inc.; Group of students: Marty Granger/HRW Photo

Art Credits
All art, unless otherwise noted, by Holt, Rinehart & Winston.
Page 31, Pascal Garnier; 74, Edson Campos; 80, Pierre Fouillet; 120, Sylvie Rochart; 154 Edson Campos; 157 (t, tc, bc), Gilles–Marie Baur; 157 (c), Edson Campos; 157 (b), Julian Willis; 171, Jocelyne Bouchard; 203, Bruce Roberts; 215, Anne Stanley; 220, Edson Campos; 221, Edson Campos; 264, Jocelyne Bouchard; 279, Edson Campos.

Photography Credits
56 (all), Daniel Schaefer; 73 (l), Tony Freeman/PhotoEdit; 73 (r), HRW Photo/Patrice Maurin-Berthier; 177 (tl, tc, tr), Ric Ergenbright; 177 (bl, br), Daniel J. Schaefer; 182 (t), Massimo Borchi/Bruce Coleman, Inc.; 182 (b), Nik Wheeler; 245 (both) Lafayette Convention and Visitors Commission; 248 (t), Daniel Schaefer; 248 (c, b), D. Donne Bryant/DDB Stock Photo.

ALLEZ, VIENS! is a trademark licensed to Holt, Rinehart and Winston, registered in the United States of America and/or other jurisdictions.

Printed in the United States of America

ISBN 0-03-065571-4

1 2 3 4 5 6 7   066   05 04 03 02 01

Contents

Chapter Quizzes and Tests

To the Teacher

The *Allez, viens! Testing Program* contains the following assessment materials: quizzes, Chapter Tests, and Speaking Tests. For other assessment options, such as performance assessment or portfolio suggestions, see the *Alternative Assessment Guide.* The *Testing Program* is organized by chapter, and each chapter contains these components:

- **Quizzes** Four quizzes accompany each chapter, two quizzes for each **étape.** Each is short enough to be administered within approximately 20 minutes, leaving ample time for other activities. The first quiz for each **étape** (Quiz A) focuses on the grammar and vocabulary for that section of the chapter. These Grammar and Vocabulary quizzes principally test writing and reading skills, and feature more discrete-point, closed-ended assessment. They may be used for evaluation, or as review in preparation for the second quiz in each **étape** and the Chapter Tests. The **Etape** quizzes (Quiz B) assess listening, reading, and writing skills as well as culture, using a combination of closed and open-ended formats. Listening and reading sections evaluate comprehension of the **étape** material, while in the writing section, students are asked to express themselves in real-life situations. You will find the listening section of each **Etape** quiz (Quiz B) recorded on the *Audio Compact Discs.* The scripts and answers to all the quizzes are also included in the *Testing Program.* For ease in grading, the total point value for two quizzes, one from each **étape,** equals 100. The Grammar and Vocabulary quiz for each **étape** always has the same point value as its Quiz B counterpart, allowing you to choose to administer either of the two quizzes in any given **étape.** Alternate grammar and vocabulary quizzes for each **étape** can be found in the *Student Make-Up Assignments with Alternative Quizzes* book.

- **Chapter Tests** The Chapter Tests for Chapters 1–12 include listening, reading, writing, and culture segments and are designed to be completed in one class period. Score sheets are provided with the tests, as well as listening scripts and answer keys. With the exception of the writing and some culture segments, the Chapter Tests are designed to facilitate mechanical or electronic scoring. You will find the listening segments for the Chapter Tests recorded on the *Audio Compact Discs* for the corresponding chapter.

- **Midterm and Final Exams** The Midterm Exam is a comprehensive exam covering material from Chapters 1–6, while the Final Exam focuses on material from Chapters 7–12. These exams evaluate listening, reading, writing, and culture. As in the Chapter Tests, the listening, reading, and some of the culture sections are designed to facilitate mechanical or electronic scoring. Score sheets, scripts, and answers are provided for both exams. You will find the listening portions of these exams on *Audio Compact Discs 6* and *12* respectively.

- **Speaking Tests** There is one Speaking Test for each chapter. For more detailed suggestions on administering and grading these tests, see "To the Teacher" and the rubrics on pages 293 and 294 of this book.

Nom_____ Classe_____ Date_____

France, les régions

■ PREMIERE ETAPE

Maximum Score: 50/100

Grammar and Vocabulary

A. You and your friends are back at school after vacation. Match each question or statement in the left column with the logical response on the right. (10 points)

_____ 1. Quoi de neuf?

_____ 2. C'était comment, tes vacances?

_____ 3. Ça fait longtemps qu'on ne s'est pas vus.

_____ 4. Tu t'es bien amusée en vacances?

_____ 5. Je suis contente de te revoir.

a. C'était génial!

b. Eh oui, ça fait depuis l'automne dernier.

c. Moi aussi.

d. Rien de spécial.

e. Non, je me suis ennuyée.

SCORE _____

B. Some teenagers are talking about where they used to go on vacation as children. Complete their sentences by putting the verbs in parentheses in the **imparfait.** (12 points)

1. Moi, j'_____ *(aller)* voir mes grands-parents. Ils _____

   (être) super sympas! Ma grand-mère _____ *(préparer)* les repas.

   Comme nous _____ *(manger)* bien!

2. Ma famille et moi, nous _____ *(faire)* toujours du ski en hiver.

   Je n'_____ *(aimer)* pas trop ça parce qu'il _____

   (faire) froid.

3. Nous _____ *(rester)* toujours ici et des amis _____

   (venir) nous rendre visite.

4. Et toi, qu'est-ce que tu _____ *(faire)?* Ta famille et toi, vous

   _____ *(rester)* ici ou vous _____ *(partir)* en vacances?

SCORE _____

French 3 Allez, viens!, Chapter 1

CHAPITRE 1

Quiz 1-1A

C. Julien is asking Norbert about his vacation. Based on Norbert's responses, complete Julien's questions. Use the words in the box below more than once, if necessary. (6 points)

Quand	Quel temps	Où	Comment	Avec qui

1. _____ est-ce que tu es allé?

   Dans les Alpes.

2. _____ est-ce que tu y es allé?

   Avec des amis.

3. _____ est-ce que tu es parti?

   Début juillet.

4. _____ est-ce que tu y es allé?

   En voiture.

5. _____ est-ce que tu as dormi?

   A l'hôtel.

6. _____ est-ce qu'il a fait?

   Très beau.   SCORE [____]

D. Patricia is writing to her friend Maurice about her vacation. Complete her letter with the **passé composé** of the verbs in parentheses. (22 points)

> Cher Maurice,
>
> Ça va? Natalie et moi, nous (1) _____ (passer) des vacances super! La colonie
> de vacances se trouvait au bord de la mer. Il (2) _____ (faire) beau tous les jours.
> Je (3) _____ (se baigner) dans la mer le premier jour. Un jour, nous
> (4) _____ (aller) à une rivière où nous (5) _____ (faire)
> du rafting. Un des animateurs (6) _____ (tomber) dans l'eau et tous les autres
> (7) _____ (commencer) à rire. Je (8) _____ (s'amuser)!
> Nous (9) _____ (rentrer) mardi dernier.
>   Et toi, qu'est-ce qu tu (10) _____ (faire)? Vous
> (11) _____ (partir) en famille? Donne-moi de tes nouvelles.
>   Patricia

SCORE [____]

TOTAL SCORE [____] /50

Nom_____ Classe_____ Date_____

France, les régions

■ PREMIERE ETAPE

Maximum Score: 50/100

I. Listening

A. Listen to these people talk about what they did on vacation when they were children. Then decide whether they used to go **a) to the seaside, b) to the mountains,** or **c) to a big city.** (15 points)

1. _____   2. _____   3. _____   4. _____   5. _____   SCORE [   ]

II. Reading

B. Sylvain and his friends are discussing their summer vacations. Read their conversation and answer the questions that follow in English. (15 points)

SYLVAIN   Alors, c'était comment, les vacances? Dites, ça fait longtemps qu'on ne s'est pas vus.

ALICIA   Ça fait un mois! Les vacances, c'était pas terrible. Je suis allée au bord de la mer en colonie de vacances et il a plu presque tous les jours! Maintenant, j'ai un rhume!

SYLVAIN   Pauvre vieille! Et toi, Karim, quoi de neuf?

KARIM   Toujours la même chose! Je suis resté ici et j'ai travaillé tout l'été. Et toi, Lise, qu'est-ce que tu as fait?

LISE   Pas grand-chose. Moi aussi, je suis restée ici. Mais toi, Sylvain, tu es parti, n'est-ce pas?

SYLVAIN   Oui, je me suis beaucoup amusé. Je suis allé à la Martinique et il a fait un temps magnifique.

ALICIA   Tu y es allé seul?

SYLVAIN   Non, avec ma tante et mon oncle. On y a fait du bateau et de la plongée.

1. How long has it been since these friends have seen one another?

   _____

2. Who had a great vacation? What did he or she do?

   _____

3. Who had a bad time? Why?

   _____

4. Who worked during the summer?

   _____

5. Who went on vacation with family members?

   _____

SCORE [   ]

Quiz 1-1B

CHAPITRE 1

III. Culture

C. Every French and francophone region has its own traditions. Match each word on the left with its description on the right. (4 points)

_____ 1. les coiffes   **a.** a mixture of banana and manioc; specialty of Côte d'Ivoire

_____ 2. des sabots   **b.** the famous fish soup of Marseilles

_____ 3. la bouillabaisse   **c.** tall lace headdresses from Bretagne

_____ 4. le foutou   **d.** wooden shoes

SCORE ☐

IV. Writing

D. Write a letter to a friend about what you did on your last vacation (real or imaginary). Tell your friend where you went, how you got there, when you left, with whom you traveled, where you stayed, what the weather was like, and two things you did. Use the **passé composé.** (16 points)

SCORE ☐

TOTAL SCORE ☐ /50

CHAPITRE 1

France, les régions

Quiz 1-2A

Maximum Score: 50/100

■ DEUXIEME ETAPE

Grammar and Vocabulary

A. Complete this conversation between a waitress and a customer at a restaurant. (10 points)

LA SERVEUSE Que voulez-vous comme **(1)** _____ ?
(appetizer)

LA CLIENTE **(2)** _____ entre l'assiette de charcuterie et le pâté.
(I'm hesitating)

Qu'est-ce que vous me **(3)** _____ ?
(recommend)

LA SERVEUSE Les deux sont bons mais **(4)** _____ est vraiment
(the plate of raw vegetables)
délicieuse!

LA CLIENTE D'accord.

LA SERVEUSE Et comme **(5)** _____ ?
(main dish)

LA CLIENTE Qu'est-ce que vous avez comme **(6)** _____ ?
(specialties)

LA SERVEUSE Je vous conseille **(7)** _____ .
(the pork chop)

LA CLIENTE Je n'aime pas beaucoup le porc. Je vais prendre plutôt le steak-frites,

(8) _____ , s'il vous plaît.
(rare)

LA SERVEUSE Bon, d'accord. Et comme **(9)** _____ ?
(drink)

LA CLIENTE **(10)** _____ , s'il vous plaît.
(Some water)

SCORE [   ]

Quiz 1-2A

B. You're creating a menu for a new French restaurant. Write a choice of three items for each category on the menu. (9 points)

Chez Antoinette
notre menu à 12 euros

Entrées

_____   _____   _____

Plats principaux

_____   _____   _____

Desserts

_____   _____   _____

SCORE [   ]

C. Richard's mother is planning a dinner party, and she is telling him what to buy for it. Complete what she says with the correct form of the partitive (**du, de la, de l', des**), the indefinite article (**un, une**), or with **de (d')**. (11 points)

Bon, d'abord, va à la charcuterie pour acheter (**1**) _____ jambon. Après, passe à la boucherie pour acheter (**2**) _____ poulet. A l'épicerie, achète (**3**) _____ haricots verts, (**4**) _____ tomates, (**5**) _____ riz, (**6**) _____ eau minérale... Et aussi (**7**) _____ beurre et (**8**) _____ confiture pour demain. Ensuite, va à la pâtisserie pour acheter (**9**) _____ tarte aux fruits et (**10**) _____ gâteau au chocolat. N'achète pas (**11**) _____ pain, j'en ai déjà.

SCORE [   ]

D. Write two ingredients necessary to make each of the items below. Name a different ingredient each time. Don't forget to include the partitive article! (20 points)

1. une soupe aux légumes _____   _____
2. une salade de fruits _____   _____
3. une tarte aux fruits _____   _____
4. une omelette _____   _____
5. une pizza _____   _____

SCORE [   ]

TOTAL SCORE [   ] /50

France, les régions

Maximum Score: 50/100

■ DEUXIEME ETAPE

I. Listening

A. Listen to these snippets of conversation overheard at a restaurant. Tell whether each speaker is referring to **a) an appetizer, b) a main dish, c) a drink,** or **d) a dessert.** (15 points)

1. _____   2. _____   3. _____   4. _____   5. _____   SCORE [   ]

II. Reading

B. You and your friends decide to stop at the restaurant **Le Petit Chenonceau.** Read the menu and answer, in English, the questions that follow. (15 points)

Le Petit Chenonceau		ouvert toute l'année
3 Menus		
7 €	**12 €**	**14 €**
AU CHOIX :	AU CHOIX :	AU CHOIX :
Omelette ou Poulet rôti Pommes frites Haricots verts	Carottes râpées ou Assiette de charcuterie	Céleri rémoulade ou Assiette de charcuterie
———	———	———
Dessert au choix : Fruits de saison Glace	Côtelette de porc ou Poisson de la baie Pâtes Petits pois	Filet de sole Riz champignons Haricots verts ou Escalope de dinde purée Petits pois
	———	———
	Assiette de fromages	Assiette de fromages
	———	———
	Dessert au choix : Fruits de saison Tarte aux fruits Glace	Dessert au choix : Fruits de saison Crème caramel Tarte aux fruits Glace
service compris		

1. Which appetizer would you choose from the 14 € menu if you don't eat red meat?

   _____

2. If you wanted to eat pork chops, which would you choose: the 7 €, 12 €, or 14 € menu?

   _____

CHAPITRE 1

Quiz 1-2B

3. If you wanted to eat turkey, which menu would you choose?

_____

4. On which menu(s) can you get pâté, ham, and cold sausage?

_____

5. What food items are available on all three menus?

_____

SCORE [   ]

III. Culture

C. Match each dish with the region it's associated with. (5 points)

_____ 1. la bouillabaisse   **a.** le Périgord

_____ 2. les crêpes   **b.** la Provence

_____ 3. la choucroute   **c.** la Bretagne

_____ 4. le foie gras   **d.** le Languedoc

_____ 5. le cassoulet   **e.** l'Alsace   SCORE [   ]

IV. Writing

D. You and a friend are at a French restaurant. Write a conversation in which you make recommendations to each other on what to order. Then place your order for food and drinks with the waiter. (15 points)

_____

_____

_____

_____

_____

_____

_____

_____

_____

_____

SCORE [   ]

TOTAL SCORE [   ] /50

France, les régions

Chapter Test

I. Listening

Maximum Score: 30

A. It's the first day of school and you're in the cafeteria with friends. Listen as various students describe their vacation. Decide whether the students had **a) a good time** or **b) a bad time**. (10 points)

1. _____

2. _____

3. _____

4. _____

5. _____

SCORE [   ]

B. Koffi and Marie are in a new restaurant. Listen to their conversation and then answer these questions. Write the letter of your answer in the space provided. (10 points)

_____ 6. What is the special of the day?
   a. filet of sole with rice
   b. chicken with mushrooms
   c. steak with French fries
   d. pork chop with pasta

_____ 7. What does Koffi finally decide to order?
   a. filet of sole with rice
   b. chicken with mushrooms
   c. steak with French fries
   d. pork chop with pasta

_____ 8. What does Marie decide to order?
   a. filet of sole with rice
   b. chicken with mushrooms
   c. steak with French fries
   d. pork chop with pasta

_____ 9. How does Marie want her meat cooked?
   a. well-done
   b. medium rare
   c. rare
   d. Marie didn't order meat.

_____ 10. What do they order to drink?
   a. mineral water
   b. milk
   c. juice
   d. cola

SCORE [   ]

CHAPITRE 1

Chapter Test

C. In a café, you overhear the questions a waiter and customer ask each other. Choose the response each person might make. (10 points)

_____ 11.
_____ 12.
_____ 13.
_____ 14.
_____ 15.

a. Le filet de sole avec riz.

b. Saignante.

c. Je vous conseille le céleri rémoulade. Il est excellent.

d. Un coca, s'il vous plaît.

e. L'assiette de crudités, s'il vous plaît.

SCORE [   ]

II. Reading

Maximum Score: 30

D. Read this letter your friend Michel sent you. Then decide whether the statements that follow are **a) true** or **b) false.** (10 points)

> Salut!
>
> Quoi de neuf? Moi, je suis parti quinze jours en vacances avec François et ses parents. D'abord, on a passé trois jours en Alsace où on a fait un tour de la région. La choucroute était bonne! Après, on est allés en Bretagne. C'était pas terrible, il a plu tout le temps. Mais les crêpes étaient excellentes! Tu me connais; je suis gourmand. On a aussi visité un château dans la vallée de la Loire. Enfin, c'était pas mal comme vacances. Et toi, c'était comment, tes vacances? Qu'est-ce que tu as fait? Ecris-moi!
>
> Michel

_____ 16. Michel spent ten days in Alsace.

_____ 17. Michel went on vacation with his parents.

_____ 18. Michel visited a castle in the Loire valley.

_____ 19. Michel didn't like **choucroute.**

_____ 20. Michel had a great time in Bretagne.

SCORE [   ]

E. Martine is telling her friend Malika about her vacation. Read their conversation. Then put the vacation activities pictured below in the order in which Martine mentions them. (10 points)

a.

b.

c.

d.

e.

MALIKA	Alors, Martine, c'était comment, tes vacances?
MARTINE	Je suis partie en Provence avec mes parents pendant dix jours. La première semaine, c'était super.
MALIKA	Qu'est-ce que vous avez fait?
MARTINE	On est arrivés à l'hôtel tard lundi, alors, le premier soir, on a dîné au restaurant. Le reste de la semaine, on a nagé et on a fait du ski nautique.
MALIKA	Alors, tu t'es amusée, non?
MARTINE	Cette semaine-là, oui. Mais après, quel cauchemar! Dimanche, j'ai rencontré un très beau garçon. On a fait une promenade au parc. On a décidé de faire du ski nautique ensemble lundi et mardi. Mais il a plu ces deux jours-là! Alors, je suis restée à l'hôtel avec mes parents.
MALIKA	Et mercredi?
MARTINE	Mardi était notre dernier jour de vacances. On est partis mercredi et je n'ai même pas son numéro de téléphone.
MALIKA	Dommage. Tu n'as pas de chance.

21. _____

22. _____

23. _____

24. _____

25. _____

SCORE _____

Chapter Test

F. You're designing a restaurant menu. Read the following lists of food items and assign them to the appropriate category. (10 points)

a. **les entrées**
b. **les plats principaux**
c. **les desserts**

_____ **26.** le poulet haricots verts
le filet de sole riz champignons

_____ **27.** l'assiette de crudités
l'assiette de charcuterie

_____ **28.** la tarte aux abricots
la crème caramel
les fruits variés

_____ **29.** le steak-frites
la côtelette de porc pâtes

_____ **30.** la glace
le gâteau au chocolat
la tarte aux fruits

SCORE [ ]

III. Culture

Maximum Score: 10

G. Different regions of France have different traditional food and clothing. Give two examples of each. (10 points)

_____

_____

_____

_____

_____

_____

_____

SCORE [ ]

Chapter Test

IV. Writing

Maximum Score: 30

H. Write five questions you can ask a friend about what he or she used to do during the summer as a child. Use the **imparfait.** (10 points)

1. _____

2. _____

3. _____

4. _____

5. _____

SCORE [   ]

I. Complete your conversation with the server in a restaurant. (10 points)

LE SERVEUR   Vous avez choisi?

TOI   _____

LE SERVEUR   Je vous conseille le bifteck.

TOI   _____

LE SERVEUR   Comment désirez-vous votre viande?

TOI   _____

LE SERVEUR   Et comme dessert?

TOI   _____

LE SERVEUR   Et comme boisson?

TOI   _____

LE SERVEUR   Bon. Merci.

SCORE [   ]

Chapter Test

J. Write a letter to a friend whom you haven't seen in a very long time, telling him or her about your recent vacation. Tell when, where, and with whom you went. Include details about the weather and at least two things you did. Remember to ask your friend what's going on with him or her. (10 points)

Cher/Chère_____,

_____

_____

_____

_____

_____

_____

_____

_____

_____

_____

_____

_____

_____

_____

_____

SCORE [   ]

TOTAL SCORE [/100]

Circle the letter that matches the most appropriate response.

I. Listening
Maximum Score: 30

A. (10 points)

1. a b
2. a b
3. a b
4. a b
5. a b

SCORE [   ]

B. (10 points)

6. a b c d
7. a b c d
8. a b c d
9. a b c d
10. a b c d

SCORE [   ]

C. (10 points)

11. a b c d e
12. a b c d e
13. a b c d e
14. a b c d e
15. a b c d e

SCORE [   ]

II. Reading
Maximum Score: 30

D. (10 points)

16. a b
17. a b
18. a b
19. a b
20. a b

SCORE [   ]

E. (10 points)

21. a b c d e
22. a b c d e
23. a b c d e
24. a b c d e
25. a b c d e

SCORE [   ]

F. (10 points)

26. a b c
27. a b c
28. a b c
29. a b c
30. a b c

SCORE [   ]

III. Culture
Maximum Score: 10

G. (10 points)

_____

_____

_____

_____

_____

SCORE [   ]

IV. Writing

H. (10 points)

1. _____
2. _____
3. _____
4. _____
5. _____

SCORE [   ]

I. (10 points)

— Vous avez choisi?

TOI _____

— Je vous conseille le bifteck.

TOI _____

— Comment désirez-vous votre viande?

TOI _____

— Et comme dessert?

TOI _____

— Et comme boisson?

TOI _____

— Bon. Merci.

SCORE [   ]

J. (10 points)

Cher/Chère _____,

_____
_____
_____
_____
_____

SCORE [   ]

TOTAL SCORE [/100]

Listening Scripts for Quizzes • Chapitre 1

Quiz 1-1B Première étape

I. Listening

1. — Nous passions tous les étés chez mon oncle Léon qui habitait au bord de la mer.
2. — On pouvait faire du ski ou des randonnées. Pourtant il ne faisait pas toujours beau.
3. — Nous visitions tous les monuments et nous allions voir des pièces de théâtre. C'était génial!
4. — On visitait des musées où on voyait de magnifiques expositions d'art. Et bien sûr, on faisait les magasins.
5. — J'aimais bien faire de la plongée, mais la planche à voile, ça, c'était vraiment chouette!

Quiz 1-2B Deuxième étape

I. Listening

1. — Tu devrais boire plus d'eau. C'est bon pour la santé.
2. — Qu'est-ce que tu prends, le poisson ou la côtelette de porc?
3. — Voyons... La tarte aux pommes ou la glace à la vanille... Je n'arrive pas à me décider.
4. — Qu'est-ce que vous me conseillez, le poulet ou le filet de sole?
5. — Qu'est-ce que tu prends, les carottes râpées ou le pâté?

ANSWERS Quiz 1-1A

A. (10 points: 2 points per item)
1. d
2. a
3. b
4. e
5. c

B. (12 points: 1 point per item)
1. allais; étaient; préparait; mangions
2. faisions; aimais; faisait
3. restions, venaient
4. faisais; restiez; partiez

C. (6 points: 1 point per item)
1. Où
2. Avec qui
3. Quand
4. Comment
5. Où
6. Quel temps

D. (22 points: 2 points per item)
1. avons passé
2. a fait
3. me suis baignée
4. sommes allé(e)s
5. avons fait
6. est tombé
7. ont commencé
8. me suis amusée
9. sommes rentré(e)s
10. as fait
11. êtes partis

ANSWERS Quiz 1-1B

I. Listening

A. (15 points: 3 points per item)
1. a
2. b
3. c
4. c
5. a

II. Reading

B. (15 points: 3 points per item)
1. one month
2. Sylvain; he went to Martinique and went boating and scuba diving.
3. Alicia; it rained every day, and now she has a cold.
4. Karim
5. Sylvain

III. Culture

C. (4 points: 1 point per item)
1. c
2. d
3. b
4. a

IV. Writing

D. (16 points)
Answers will vary. Possible answer:
Salut!
  Tes vacances, c'était comment? Moi, je me suis beaucoup amusé(e). Je suis allé(e) à Los Angeles avec ma famille. Nous sommes partis en avion le premier juin. Nous avons dormi dans un hôtel super! Il a fait très beau. Nous avons visité toute la ville et nous avons mangé dans de très bons restaurants.

ANSWERS Quiz 1-2A

A. (10 points: 1 point per item)
1. entrée
2. J'hésite
3. conseillez
4. l'assiette de crudités
5. plat principal
6. spécialités
7. la côtelette de porc
8. saignant
9. boisson
10. De l'eau

B. (9 points: 1 point per item)
Answers will vary. Possible answers:
Entrées : jambon, assiette de crudités, salade de tomates
Plats principaux : steak, côtelette de porc, filet de sole
Desserts : tarte aux fruits, gâteau, glace

C. (11 points: 1 point per item)
1. du
2. du
3. des
4. des
5. du
6. de l'
7. du
8. de la
9. une
10. un
11. de

D. (20 points: 2 points per item)
Answers will vary. Possible answers:
1. des carottes, des oignons
2. des pêches, des oranges
3. des pommes, des poires
4. des œufs, du jambon
5. du fromage, des tomates

ANSWERS Quiz 1-2B

I. Listening
  A. (15 points: 3 points per item)
    1. c
    2. b
    3. d
    4. b
    5. a

II. Reading
  B. (15 points: 3 points per item)
    1. grated celery with mayonnaise
    2. the 12 € menu
    3. the 14 € menu
    4. the 12 € and the 14 € menus
    5. fruits, ice cream

III. Culture
  C. (5 points: 1 point per item)
    1. b
    2. c
    3. e
    4. a
    5. d

IV. Writing
  D. (15 points)
    Answers will vary. Possible answer:
    — Tu as décidé?
    — Je ne sais pas. Tout me tente. Qu'est-ce que tu me conseilles?
    — La truite est très bonne.
    — Bon, d'accord. Je vais prendre la truite. Et toi?
    — J'hésite entre le poulet et le saumon.
    — Essaie le saumon.
    — Vous avez choisi?
    — Oui, nous allons prendre la truite et le saumon.
    — Et comme boisson?
    — De l'eau minérale, s'il vous plaît.

Scripts for Chapter Test • Chapitre 1

I. Listening

A. 1. — C'était comment, tes vacances?
— C'était pas terrible. Il a fait un temps épouvantable.
2. — Tu t'es bien amusée?
— Oui, c'était super. Je suis partie dix jours à la plage avec mes parents.
3. — Est-ce que tu es resté ici pendant les vacances?
— Oui, et je me suis beaucoup ennuyé!
4. — Qu'est-ce que tu as visité pendant les vacances?
— Beaucoup de musées intéressants. C'était super!
5. — Qu'est-ce que tu as fait pendant tes vacances?
— Je suis allée chez mon oncle et ma tante. Ça ne s'est pas très bien passé.

B.

LE SERVEUR	Vous avez choisi?
KOFFI	Je n'arrive pas à me décider. Tout me tente. Quel est le plat du jour?
LE SERVEUR	La côtelette de porc avec des pâtes.
KOFFI	Oh... Je ne sais pas. J'hésite entre le poulet aux champignons et le plat du jour.
MARIE	Tu devrais prendre le plat du jour. Tu manges du poulet au moins trois fois par semaine.
KOFFI	C'est vrai. Alors, je vais prendre la côtelette de porc.
LE SERVEUR	Très bien. Et pour vous, madame?
MARIE	Le steak-frites, s'il vous plaît.
LE SERVEUR	Comment désirez-vous votre viande?
MARIE	A point.
LE SERVEUR	Et comme boisson?
MARIE	Deux eaux minérales, s'il vous plaît.

C. 11. — Et comme boisson?
12. — Que voulez-vous comme entrée?
13. — Comment désirez-vous votre viande?
14. — Qu'est-ce que vous me conseillez?
15. — Quelle est votre spécialité?

Answers to Chapter Test • Chapitre 1

I. Listening   Maximum Score: 30 points

A. (10 points: 2 points per item)   **B.** (10 points: 2 points per item)   **C.** (10 points: 2 points per item)

1. b	6. d	11. d
2. a	7. d	12. e
3. b	8. c	13. b
4. a	9. b	14. c
5. b	10. a	15. a

II. Reading   Maximum Score: 30 points

D. (10 points: 2 points per item)   **E.** (10 points: 2 points per item)   **F.** (10 points: 2 points per item)

16. b	21. c	26. b
17. b	22. a	27. a
18. a	23. d	28. c
19. b	24. e	29. b
20. b	25. b	30. c

III. Culture   Maximum Score: 10 points

G. (10 points)
Answers will vary. Possible answer:
Men and women have traditional clothing that they reserve for special occasions, such as **sabots** and the Breton **coiffe**. The regions also have food specialties, such as **crêpes** in Bretagne and **choucroute** in Alsace.

IV. Writing   Maximum Score: 30 points

H. (10 points: 2 points per item)
Answers will vary. Possible answers:
1. Est-ce que tu partais souvent en vacances avec tes parents?
2. Où est-ce que vous alliez?
3. Comment est-ce que vous voyagiez?
4. Est-ce que tu t'amusais?
5. Est-ce que tu dormais à l'hôtel?

I. (10 points: 2 points per item)
Answers will vary. Possible answers:
— Vous avez choisi?
TOI **Tout me tente. Qu'est-ce que vous me conseillez?**
— Je vous conseille le bifteck.
TOI **Bon, je vais prendre le bifteck.**
— Comment désirez-vous votre viande?
TOI **A point.**
— Et comme dessert?
TOI **Je vais prendre la crème caramel.**
— Et comme boisson?
TOI **Je vais prendre de l'eau minérale.**
— Bon. Merci.

J. (10 points)
Answers will vary. Possible answer:
Cher Marc,
Ça fait longtemps qu'on ne s'est pas vus. Quoi de neuf? Moi, j'ai passé un été formidable à la plage avec des amis. On a fait beaucoup de choses : de la voile, de la planche à voile et du ski nautique. En août, on a fait du camping. Il a fait très chaud! Et toi, tes vacances, c'était comment? Qu'est-ce que tu as fait? Ecris-moi vite!

CHAPITRE 2

Belgique, nous voilà!

PREMIERE ETAPE

Maximum Score: 50/100

Grammar and Vocabulary

A. Ahmed is getting directions into town. Logically complete the directions he hears by selecting the appropriate expressions from the box below. Use each expression only once. (16 points)

> conduire   tomber   tout droit   traversez
>
> droite   suivez   un panneau   l'entrée

(1) _____ la N. 89. (2) _____ le grand pont. Après

le pont, vous allez (3) _____ sur un petit village. Vous allez voir

(4) _____ qui indique (5) _____ de l'autoroute. Continuez

(6) _____ jusqu'au carrefour. Tournez à (7) _____. Cette

route va vous (8) _____ au centre-ville.

SCORE [   ]

B. You overhear these remarks at the service station. Complete each question or remark by selecting the appropriate expression from the right column. Use each expression only once. (14 points)

_____ 1. Oh là là! Je suis tombé _____ d'essence.

_____ 2. J'ai un pneu _____.

_____ 3. Je peux changer le pneu. Où est _____?

_____ 4. Faites _____, s'il vous plaît.

_____ 5. Vous pourriez vérifier _____, s'il vous plaît?

_____ 6. Mettez de l'huile dans _____, s'il vous plaît.

_____ 7. Pourriez-vous nettoyer _____?

a. la roue de secours
b. l'huile
c. crevé
d. en panne
e. le plein
f. la route
g. le pare-brise
h. le moteur

SCORE [   ]

CHAPITRE 2

Quiz 2-1A

C. You're participating in a group seminar on safe driving habits. Complete these sentences about how you and your friends drive with the appropriate form of the verb **conduire.** (14 points)

1. Moi, je ne _____ pas trop vite.

2. Mes amis et moi, nous _____ assez bien.

3. Mon meilleur ami _____ une vieille voiture qui tombe souvent en panne.

4. Mes frères _____ très calmement.

5. Les adolescents ne _____ pas très prudemment.

6. Est-ce que vous _____ bien?

7. Et toi, comment est-ce que tu _____?

SCORE [   ]

D. Your car is in the garage and you've had to get rides to school with your father, who drives too slowly for you, and your friends who are always impatient and rushed. Use logical expressions from the box and **tu** form commands to tell your father to hurry up. Then use **vous** form commands of the appropriate expressions to ask your friends to slow down and be calm. (6 points)

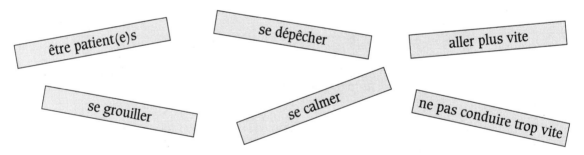

être patient(e)s　　se dépêcher　　aller plus vite

se grouiller　　se calmer　　ne pas conduire trop vite

A ton père	**A tes ami(e)s**
1. _____	4. _____
2. _____	5. _____
3. _____	6. _____

SCORE [   ]

TOTAL SCORE [   ] /50

French 3 Allez, viens!, Chapter 2

2 CHAPITRE

Belgique, nous voilà!

■ PREMIÈRE ÉTAPE

Maximum Score: 50/100

I. Listening

A. Listen to these remarks overheard at a gas station and on the road. In each case, choose the logical response to the remark. (16 points)

_____ 1. **a.** — Sois patient. Il n'y a pas le feu.
b. — Calmez-vous. Je conduis bien.

_____ 2. **a.** — Vous pouvez vérifier la pression des pneus, s'il vous plaît?
b. — Zut! Maintenant, on va être en retard pour la boum!

_____ 3. **a.** — C'est pas grave. Je vais mettre de l'air dans les pneus.
b. — C'est pas grave. Il y a une station-service tout près d'ici.

_____ 4. **a.** — Bon, merci. Ça fait combien?
b. — Alors, vous pourriez vérifier l'huile, s'il vous plaît?

SCORE [   ]

II. Reading

B. If you were to use Liège as your starting point, where would the following directions lead you? Match the following directions to their destinations. (15 points)

Ciney

Verviers

Stavelot

Andenne

Eupen

Marche-en-Famenne

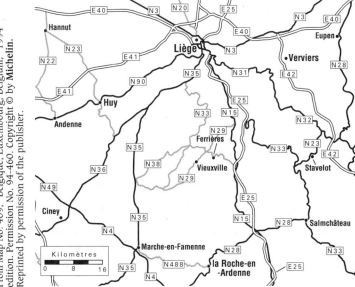

From Map No. 409, "Belgique, Luxembourg, Belgium," 1994 edition. Permission No. 94-460. Copyright © by Michelin. Reprinted by permission of the publisher.

_____ 1. Prenez la N. 3 jusqu'à la E. 42. Tournez à droite et suivez la E. 42 pendant à peu près dix kilomètres. A gauche, vous allez voir un panneau qui indique le nom de la ville.

Quiz 2-1B

_____ 2. De la N. 90, prenez la N. 35 et allez tout droit. Cette route vous conduira à votre destination. Il y a environ cinquante kilomètres de route. Si vous arrivez à la N. 4, vous êtes allé trop loin.

_____ 3. Prenez la N. 35. Quand vous arrivez au carrefour de la N. 35 et de la N. 36, prenez la N. 36. Vous allez traverser la N. 49. Cinq kilomètres après, vous allez tomber sur cette ville.

_____ 4. Prenez la N. 90. En route, vous allez passer par la ville de Huy, et après vingt kilomètres, vous allez y arriver.

_____ 5. Prenez la N. 3. Vous allez voir un panneau qui indique l'entrée de l'autoroute, à environ 15 kilomètres. Là, prenez la E. 40 jusqu'à la N. 28. Tournez à droite et continuez tout droit. C'est à environ dix kilomètres.

SCORE _____

III. Writing

C. You and a friend are on the way to a concert when you have a flat tire. Write a conversation in which your friend is very impatient about being on time and asks you to hurry up. Calm your friend and reassure him or her that you have plenty of time. You should write at least five sentences. (15 points)

_____

_____

_____

_____

_____

_____

_____

_____

SCORE _____

IV. Culture

D. What are two of the official languages of Belgium? (4 points)

_____

SCORE _____

TOTAL SCORE _____ /50

Nom_____ Classe_____ Date_____

Belgique, nous voilà!

Maximum Score: 50/100

■ DEUXIEME ETAPE

Grammar and Vocabulary

A. Adèle and her friends are giving their opinions about a new TV sitcom. Put their comments under the appropriate category. (14 points)

Ça m'ennuie!   Ça me branche!   Ça me casse les pieds!   C'est mortel!

Ce que c'est marrant!   C'est rasant!   C'est rigolo!

ENTHUSIASM	BOREDOM
_____	_____
_____	_____
_____	_____
_____	_____

SCORE [   ]

B. Daniel is asking Annick about her recent trip to Belgium. Complete her answers by replacing the underlined words with the appropriate pronouns. (24 points)

1. — Tu as pris ces photos à Bruges?

   — Oui, je _____ _____ ai prises.

2. — Tu vas donner ces pralines à ton petit ami?

   — Oui, je vais _____ _____ donner.

3. — Tes parents t'ont donné l'argent pour le voyage?

   — Oui, ils _____ _____ ont donné.

4. — Tu peux me rendre ma valise maintenant?

   — Oui, je peux _____ _____ rendre.

5. — Tu as rapporté des cadeaux pour tes amis?

   — Oui, je _____ _____ ai rapporté.

6. — Tu vas nous parler de ton voyage?

   — Oui, bien sûr que je vais _____ _____ parler.   SCORE [   ]

Quiz 2-2A

C. You're a volunteer at the museum, and you're helping people find their way. Look at the floor plans of the museum, and complete these directions using the expressions provided. (12 points)

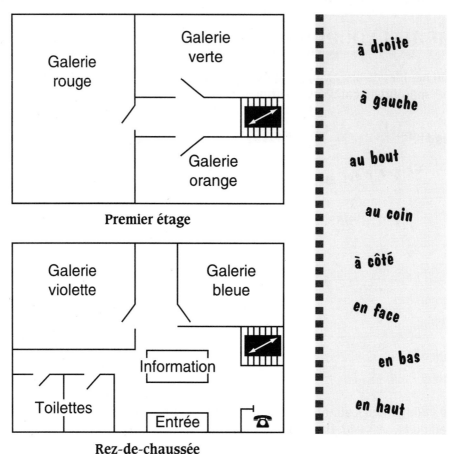

Premier étage

Rez-de-chaussée

à droite

à gauche

au bout

au coin

à côté

en face

en bas

en haut

— Les toilettes sont **(1)** _____ de l'entrée.

— La Galerie rouge n'est pas au rez-de-chaussée. Elle est **(2)** _____,

(3) _____ du couloir.

— La Galerie violette est **(4)** _____ de la Galerie bleue.

— Le téléphone est **(5)** _____ de l'entrée.

— La Galerie verte est **(6)** _____ de l'escalier.

SCORE [   ]

TOTAL SCORE [   ] /50

CHAPITRE 2

2 Belgique, nous voilà!

■ DEUXIEME ETAPE

Maximum Score: 50/100

I. Listening

A. The new student, Annette, is asking her classmate Etienne for directions around the school. Listen to their conversation and indicate where the following rooms are located. (20 points)

_____ 1. la cantine

_____ 2. la bibliothèque

_____ 3. le labo de chimie

_____ 4. la salle d'informatique

_____ 5. les toilettes

Premier étage

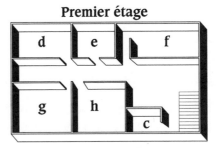

Rez-de-chaussée

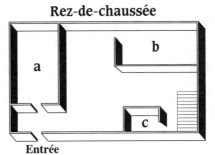

Entrée

SCORE _____

II. Reading

B. Stéphanie and Hervé are visiting a **bédéthèque.** Read their conversation. Then decide if the statements that follow are **a) true** or **b) false.** (15 points)

STEPHANIE   Tu l'as lu, ce nouvel album de *Lucky Luke®?*

HERVE   Non, je ne connais pas cet album-là.

STEPHANIE   Tu devrais le lire. C'est marrant comme tout! Ecoute, moi, je l'ai. Je te le donne.

HERVE   Super! Et moi, j'ai des albums de *Tintin®.* Tu veux me les emprunter?

STEPHANIE   Oui, oui, je veux bien. Oh, attends! J'ai oublié. Charles m'a déjà emprunté tous mes albums de *Lucky Luke* et il ne me les a jamais rendus.

HERVE   Tu devrais lui en parler. Mais de toute façon, mes *Tintin,* tu peux les emprunter si tu veux.

STEPHANIE   Oui, oui, d'accord. Merci.

Quiz 2-2B

_____ 1. Stéphanie aime bien le nouvel album de *Lucky Luke,* mais Hervé ne l'a pas encore lu.

_____ 2. Pour Stéphanie, *Lucky Luke* est très rigolo.

_____ 3. Hervé ne veut pas que Stéphanie lui emprunte ses *Tintin.*

_____ 4. Charles a déjà rendu les *Lucky Luke* qu'il a empruntés à Stéphanie.

_____ 5. Stéphanie veut donner son nouvel album de *Lucky Luke* à Hervé mais ce n'est pas possible parce que Charles l'a toujours.

SCORE _____

III. Writing

C. You're writing a review of three comic books for the French Club newspaper. Choose at least one you like and one you don't, and give reasons for your opinions. (15 points)

Peanuts®

Dennis the Menace®

Garfield®

Batman®

??? Astérix®

Calvin et Hobbes®

1. _____

_____

_____

_____

_____

2. _____

_____

_____

_____

_____

3. _____

_____

_____

_____

_____

SCORE _____

TOTAL SCORE _____ /50

Nom_____ Classe_____ Date_____

Belgique, nous voilà!

I. Listening

Maximum Score: 30

A. Listen to the following conversations. In each one, is the second speaker **a) impatient** or **b) calm and reassuring?** (10 points)

1. _____

2. _____

3. _____

4. _____

5. _____

SCORE [   ]

B. Listen to the remarks these people make about their cars. Then choose the illustration that corresponds to each remark. (8 points)

a.

b.

c.

d.

6. _____

7. _____

8. _____

9. _____

SCORE [   ]

Chapter Test

C. Listen to these students describe what they enjoy and don't enjoy doing. Decide whether each student is **a) enthusiastic** or **b) unenthusiastic** about the activity. (12 points)

10. _____

11. _____

12. _____

13. _____

14. _____

15. _____

SCORE [   ]

II. Reading

Maximum Score: 30

D. Complete each dialogue with one of the choices below. (10 points)

      a. Ça me branche!

      b. Du calme, il n'y a pas le feu.

      c. Continuez tout droit, jusqu'au carrefour. Là, vous allez voir un panneau qui indique l'entrée de l'autoroute.

      d. Est-ce que vous pourriez faire le plein, s'il vous plaît?

      e. Au premier étage, à côté des escaliers.

16. — _____

    — Super ou super sans plomb?

17. — Va plus vite, on va être en retard!

    — _____

18. — Où sont les toilettes, s'il vous plaît?

    — _____

19. — Qu'est-ce que tu penses des bandes dessinées?

    — _____

20. — Qu'est-ce que je fais pour aller à Bruxelles?

    — _____

SCORE [   ]

E. Several tourists ask a gas station attendant working near the **Cathédrale St Michel** (#2 on the map) for directions. The attendant is new to the area and doesn't always give accurate directions. Based on the map, decide whether the directions he gives are **a) correct** or **b) incorrect.** (10 points)

1. **La Bourse,** rue Henri Maus,2
2. **Cathédrale St Michel,** Parvis Sainte Gudule
3. **Les Galeries St-Hubert,** rue du Marché-aux-Herbes
4. **La Grand-Place**
5. **Musée d'Art Ancien,** rue de la Régence,3
6. **Musée de Cire,** boulevard Anspach,36
7. **Musée du Costume et de la Dentelle,** rue de la Violette,6
8. **Palais des Beaux-Arts,** rue Ravenstein,23
9. **Palais Royal,** place des Palais
10. **Musée du Théâtre de Toone VII,** Petite rue des Bouchers,21

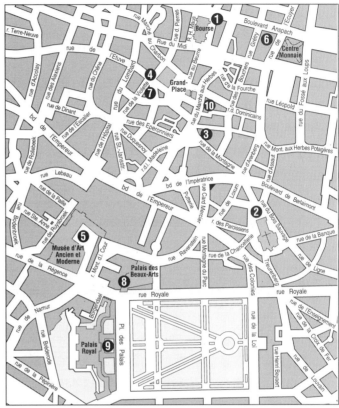

_____ 21. — Pardon, vous savez où se trouve le Palais des Beaux-Arts?
— Oui, prenez la rue de la Chancellerie jusqu'à la rue Ravenstein. Au carrefour, tournez à gauche. Continuez tout droit et le Palais se trouve à votre gauche.

_____ 22. — Vous pourriez me dire où est la Bourse?
— Bon. Prenez la rue de la Chancellerie jusqu'à la rue Montagne du Parc et puis tournez à gauche. Vous y êtes!

_____ 23. — Où se trouve le Palais Royal, s'il vous plaît?
— Voyons, de la rue de la Chancellerie, tournez à gauche dans la rue Montagne du Parc. Ensuite, prenez la rue Royale jusqu'à la place des Palais. Tournez à gauche et le Palais Royal est juste là, à droite.

_____ 24. — Pardon, monsieur. Pourriez-vous me dire où est le Musée du Costume et de la Dentelle?
— Oui, d'abord, allez vers la Grand-Place; vous pouvez y arriver par la rue de la Montagne. Vous allez tomber sur le musée juste après la Grand-Place, dans la rue de la Violette.

_____ 25. — Pardon, vous savez où se trouvent les Galeries Saint-Hubert?
— Elles sont assez loin d'ici. Il faut prendre la rue Treurenberg et puis la rue Royale. Continuez jusqu'à la rue de la Régence. Cette rue vous conduira aux Galeries. Elles se trouvent à votre droite.

SCORE _____

Chapter Test

F. Jean-Luc wrote a letter to his pen pal in the United States about his visit to the Comic Book Center in Brussels. Read the letter and decide whether the statements that follow are **a) true** or **b) false.** (10 points)

Cher Enrique,

   Hier, j'ai visité le Centre de la Bande Dessinée à Bruxelles. Le Centre ouvre à 10 heures, mais ma voiture est tombée en panne d'essence et j'y suis arrivé à 11 heures et demie. Le pompiste m'a indiqué l'autoroute qu'il fallait prendre. En général, les bandes dessinées m'embêtent, mais comme mon ami Bruno me dit toujours que le Centre de la B.D. est vraiment super, j'ai décidé d'y aller. Il a raison. Il y a un peu de tout. J'y ai même trouvé une bande dessinée d'*Astérix®* que je ne connaissais pas! *Astérix,* c'est la bande dessinée la plus célèbre en France. Qu'est-ce que c'est rigolo! La B.D. préférée de Marc, c'est *Lucky Luke®.* C'est l'histoire d'un cow-boy. Il y a beaucoup d'action, mais je n'aime pas trop. Je trouve que c'est bébé! Marc et moi, nous allons retourner au Centre de la B.D. dans deux semaines. On a un projet sur la bande dessinée belge pour l'école. Quand tu viens à Bruxelles cet été, il faut que tu visites le Centre de la B.D.!

                                                               Jean-Luc

---

_____ 26. Jean-Luc arrived at the Comic Book Center late due to a flat tire.

_____ 27. Jean-Luc thinks that the Comic Book Center is interesting and fun.

_____ 28. Jean-Luc enjoys reading *Astérix.*

_____ 29. *Lucky Luke* is Jean-Luc's favorite comic book.

_____ 30. Jean-Luc will not visit the Comic Book Center again until this summer.

SCORE [____]

III. Culture

Maximum Score: 10

G. Are these statements about Belgium **a) true** or **b) false?** (10 points)

_____ 31. French and English are the two official languages of Belgium.

_____ 32. Most people in the southern half of Belgium speak French.

_____ 33. Belgium is one of the biggest European countries.

_____ 34. Brussels and Bruges are famous for their production of lace.

_____ 35. **Gaufres** are famous chocolates made in Belgium.

SCORE [____]

CHAPITRE 2

IV. Writing

Maximum Score: 30

H. You're at a gas station in France. Ask the attendant to do four things for your car. (8 points)

36. _____

_____

37. _____

_____

38. _____

_____

39. _____

_____

SCORE [   ]

I. You're meeting Yves, the French exchange student, at a local restaurant. Write directions in French telling him how to get from school to the restaurant. Be specific so he won't get lost. You should write at least four sentences. (12 points)

_____

_____

_____

_____

_____

_____

_____

_____

_____

_____

_____

SCORE [   ]

CHAPITRE 2

Chapter Test

J. You're on vacation in Belgium. Write a conversation in which a friend invites you to do some activities. You accept some of the invitations and reject others, giving a reason each time. You should write at least five sentences. (10 points)

- acheter de la dentelle   visiter le Centre de la B.D.   voir une exposition d'art
- visiter le Musée de la Dentelle   aller à la pêche
- aller au théâtre de marionnettes   faire du camping dans les Ardennes

_____

_____

_____

_____

_____

_____

_____

_____

_____

_____

_____

_____

_____

_____

_____

_____

_____

SCORE [   ]

TOTAL SCORE [   ] /100

CHAPITRE 2

Circle the letter that matches the most appropriate response.

I. Listening
Maximum Score: 30

A. (10 points)

1. a b
2. a b
3. a b
4. a b
5. a b

SCORE ☐

B. (8 points)

6. a b c d
7. a b c d
8. a b c d
9. a b c d

SCORE ☐

C. (12 points)

10. a b
11. a b
12. a b
13. a b
14. a b
15. a b

SCORE ☐

II. Reading
Maximum Score: 30

D. (10 points)

16. a b c d e
17. a b c d e
18. a b c d e
19. a b c d e
20. a b c d e

SCORE ☐

E. (10 points)

21. a b
22. a b
23. a b
24. a b
25. a b

SCORE ☐

F. (10 points)

26. a b
27. a b
28. a b
29. a b
30. a b

SCORE ☐

III. Culture
Maximum Score: 10

G. (10 points)

31. a b
32. a b
33. a b
34. a b
35. a b

SCORE ☐

IV. Writing

H. (8 points)

36. _____

37. _____

38. _____

39. _____

SCORE [   ]

I. (12 points)

_____

_____

_____

_____

_____

_____

_____

_____

_____

SCORE [   ]

J. (10 points)

_____

_____

_____

_____

_____

_____

_____

_____

_____

SCORE [   ]

TOTAL SCORE [   ] /100

CHAPITRE 2

Listening Scripts for Quizzes • Chapitre 2

Quiz 2-1B Première étape

I. Listening

1. — Attention! Ce carrefour est dangereux!
2. — Oh là là! On a un pneu crevé!
3. — Zut, alors! On est tombés en panne d'essence.
4. — Voilà, madame. J'ai fait le plein et j'ai mis de l'huile dans le moteur.

Quiz 2-2B Deuxième étape

I. Listening

ANNETTE Où se trouve la cantine?
ETIENNE En bas, en face de l'escalier.
ANNETTE Et la bibliothèque est en bas aussi?
ETIENNE Oui, au bout du couloir, dans le coin.
ANNETTE Et le labo de chimie, il est où?
ETIENNE Il est en haut, au bout du couloir, à droite.
ANNETTE La salle d'informatique, elle se trouve où?
ETIENNE En haut, au bout du couloir, à gauche.
ANNETTE Oh, attends! Où sont les toilettes?
ETIENNE Il y en a en bas et en haut, à côté de l'escalier.

ANSWERS Quiz 2-1A

A. (16 points: 2 points per item)
1. Suivez
2. Traversez
3. tomber
4. un panneau
5. l'entrée
6. tout droit
7. droite
8. conduire

B. (14 points: 2 points per item)
1. d
2. c
3. a
4. e
5. b
6. h
7. g

C. (14 points: 2 points per item)
1. conduis
2. conduisons
3. conduit
4. conduisent
5. conduisent
6. conduisez
7. conduis

D. (6 points: 1 point per item)
Order of answers will vary.
1. Dépêche-toi!
2. Grouille-toi!
3. Va plus vite!
4. Ne conduisez pas trop vite!
5. Calmez-vous!
6. Soyez patient(e)s!

ANSWERS Quiz 2-1B

I. Listening
   A. (16 points: 4 points per item)
   1. b
   2. b
   3. b
   4. a

II. Reading
   B. (15 points: 3 points per item)
   1. Verviers
   2. Marche-en-Famenne
   3. Ciney
   4. Andenne
   5. Eupen

III. Writing
   C. (15 points)
   Answers will vary. Possible answer:
   — Oh là là! On a un pneu crevé. On va être en retard.
   — C'est pas grave. Regarde, voilà une station-service.
   — Tu peux te dépêcher? Je suis vraiment impatient(e) d'y arriver.
   — Du calme, du calme. Ça ne va pas prendre longtemps.
   — Mais grouille-toi!
   — Sois patient(e). On a largement le temps.

IV. Culture
   D. (4 points: 2 points per item)
   Possible answers:
   Dutch, French, German

CHAPITRE 2

ANSWERS Quiz 2-2A

A. (14 points: 2 points per item)
ENTHUSIASM: Ça me branche!, Ce que c'est marrant!, C'est rigolo!
BOREDOM: Ça m'ennuie!, Ça me casse les pieds!, C'est mortel!, C'est rasant!

B. (24 points: 2 points per pronoun)
1. les, y
2. les, lui
3. me, l'
4. te, la
5. leur, en
6. vous, en

C. (12 points: 2 points per item)
Answers may vary. Possible answers:
1. à gauche
2. en haut
3. au bout
4. en face
5. à droite
6. à côté

ANSWERS Quiz 2-2B

I. Listening

A. (20 points: 4 points per item)
1. b
2. a
3. d
4. g
5. c

II. Reading

B. (15 points: 3 points per item)
1. a
2. a
3. b
4. b
5. a

III. Writing

C. (15 points: 5 points per item)
Answers will vary. Possible answers:
1. *Calvin et Hobbes*®, j'adore! Qu'est-ce que c'est bien! C'est rigolo comme tout!
2. *Peanuts*®? Qu'est-ce que c'est rasant! Ça m'ennuie à mourir. *Peanuts,* c'est trop bébé.
3. *Garfield*®, ça me branche. Garfield est un peu fou, mais il est toujours rigolo. Ses histoires sont dingues.

I. Listening

A. 1. — A quelle heure commence le spectacle?
        — Il n'y a pas le feu. Il commence à deux heures. On a largement le temps.
     2. — On a encore dix kilomètres à faire.
        — Dix kilomètres? Alors, va plus vite! Je suis vraiment impatiente d'arriver.
     3. — Tu peux te dépêcher? On va être en retard!
        — Sois patient! On va arriver dans quelques minutes.
     4. — Oh là là! Il est déjà dix heures!
        — Du calme, du calme! Il n'y a pas le feu.
     5. — Je veux voir si Murielle est là.
        — Grouille-toi! On n'a pas le temps.

B. 6. — Moi, je sais comment changer un pneu crevé.
     7. — Je vais vérifier l'huile, monsieur.
     8. — Est-ce que vous pourriez nettoyer le pare-brise?
     9. — Ah, non! J'ai oublié de vérifier l'huile et maintenant, ma voiture est en panne!

C. 10. — Les examens? Ça m'embête!
    11. — Faire du sport, ça me branche.
    12. — Euh... les films d'action? C'est mortel.
    13. — Les bandes dessinées? Ça m'ennuie à mourir.
    14. — Faire mes devoirs? Ça me casse les pieds, bien sûr!
    15. — Conduire les voitures de sport? Ce que c'est bien!

CHAPITRE 2

Answers to Chapter Test • Chapitre 2

I. Listening   Maximum Score: 30 points

A. (10 points: 2 points per item) **B.** (8 points: 2 points per item) **C.** (12 points: 2 points per item)

1. b	6. b	10. b
2. a	7. a	11. a
3. b	8. c	12. b
4. b	9. d	13. b
5. a		14. b
		15. a

II. Reading   Maximum Score: 30 points

D. (10 points: 2 points per item) **E.** (10 points: 2 points per item) **F.** (10 points: 2 points per item)

16. d	21. a	26. b
17. b	22. b	27. a
18. e	23. a	28. a
19. a	24. a	29. b
20. c	25. b	30. b

III. Culture   Maximum Score: 10 points

G. (10 points: 2 points per item)

31. b
32. a
33. b
34. a
35. b

IV. Writing   Maximum Score: 30 points

H. (8 points: 2 points per item)
Answers will vary. Possible answers:
36. Est-ce que vous pourriez vérifier l'huile?
37. Nettoyez le pare-brise, s'il vous plaît.
38. Pourriez-vous vérifier la pression des pneus?
39. Faites le plein, s'il vous plaît.

I. (12 points)
Answers will vary. Possible answer:
  Sors du lycée et prends la première rue à gauche. Continue tout droit jusqu'au carrefour. Là, tu vas voir la bibliothèque. Tourne à droite juste après la bibliothèque. Le restaurant est à droite, à côté de la pharmacie.

J. (10 points)
Answers will vary. Possible answer:
— Ça te dit d'aller visiter le Musée de la Dentelle cet après-midi?
— Non, les musées, ça m'ennuie à mourir. Allons plutôt faire les magasins. Je voudrais acheter de la dentelle.
— D'accord. Et ce week-end, on fait du camping dans les Ardennes?
— Bonne idée. Le camping, ça me branche!
— D'accord. Alors, à tout à l'heure.

Soyons responsables!

■ PREMIERE ETAPE

Maximum Score: 50/100

Grammar and Vocabulary

A. Sylvie is asking for permission to go out with her friends. Complete her requests with the appropriate expressions. (4 points)

■
■ **Est-ce que je peux**   **Tu veux bien que**   **Ça te dérange**   **J'aimerais**
■

1. _____ aller au cinéma lundi soir?

2. _____ si je vais chez Gabrielle regarder une vidéo?

3. _____ inviter des amis à aller au concert samedi.

4. _____ je sorte avec Paul et Aurélie?

SCORE [   ]

B. Sylvie's parents do not grant all her requests. What do they say? (8 points)

1. _____ sortir le lundi soir.
   (You're not allowed to)

2. _____ aujourd'hui.
   (It's not possible)

3. _____ .
   (OK, just this once)

4. _____ garder ton petit frère.
   (You must)

SCORE [   ]

C. Francine's mother is gone for a week and Francine is dividing up the household tasks among the other members of the family. Complete what she says with the appropriate form of the verb **devoir.** (12 points)

1. Ecoutez, on _____ être très responsables pendant l'absence de Maman.

2. Marie, tu _____ t'occuper du jardin.

3. Moi, je _____ m'occuper des animaux.

4. Robert et Cassandre, vous _____ vous occuper de la lessive.

Quiz 3-1A

5. Robert et moi, nous _____ nettoyer la maison.

6. Et les petits enfants _____ nous aider aussi.

SCORE [   ]

D. Now Francine is specifying what particular tasks each family member is going to do. Complete her statements with the appropriate verb. (10 points)

1. Marie va...

_____ le jardin.

_____ la pelouse.

_____ les feuilles.

2. Moi, je vais...

_____ à manger au chat.

3. Robert et Cassandre vont...

_____ la lessive.

_____ le repassage.

4. Robert et moi, nous allons...

_____ les vitres.

_____ l'aspirateur.

5. Les petits enfants vont...

_____ la table.

_____ leurs lits.

SCORE [   ]

E. Francine's mother is coming back today but there is still some work to do. Complete Francine's statements with the appropriate subjunctive forms of the verbs in parentheses. (16 points)

1. Moi, il faut que je _____ *(faire)* la cuisine.

2. Robert, il faut que tu _____ *(venir)* m'aider.

3. Cassandre et Marie, il faut que vous _____ *(mettre)* la table.

4. Il faut que nous _____ *(s'occuper)* des enfants.

5. Il faut que les enfants _____ *(laver)* la voiture.

6. Il faut que nous _____ *(être)* responsables!

7. Il faut que Cassandre _____ *(attendre)* l'arrivée de Maman pour sortir.

8. Je veux que vous _____ *(finir)* tout le travail avant sept heures.

SCORE [   ]

TOTAL SCORE [   ] /50

CHAPITRE 3

CHAPITRE 3

3 Soyons responsables!

■ PREMIERE ETAPE

Maximum Score: 50/100

I. Listening

A. Listen as five teenagers ask for permission to do something. In each case, indicate whether permission was **a) granted** or **b) refused.** (15 points)

1. _____   2. _____   3. _____   4. _____   5. _____

SCORE [   ]

II. Reading

B. Read these letters sent in to the personal advice column of a school newspaper. Match each letter with the appropriate reply on the next page. (16 points)

> J'aime sortir avec mes amis, mais mes parents ne sont pas d'accord. Je n'ai pas le droit de sortir après onze heures. C'est pas juste! J'ai seize ans et je peux faire ce que je veux, non? Hier soir, je suis rentré à deux heures et bien sûr, mes parents n'étaient pas contents. Qu'est-ce que je peux faire?

1. _____

> Je n'ai pas dit à mes parents que j'ai raté mon interro de maths. Je ne comprends rien en classe et j'ai une autre interro la semaine prochaine. Qu'est-ce que je peux faire?

3. _____

> Ma petite sœur est embêtante! Elle prend tous mes vêtements sans ma permission. Elle me suit partout. Elle veut toujours sortir avec mes amis et moi. Elle a seulement onze ans et je ne veux pas qu'elle sorte avec moi.

2. _____

> Je suis toujours fatiguée et je n'ai pas d'énergie. Je travaille tous les jours après l'école. Le soir, je rentre et je me couche. Je n'ai même pas le temps de dîner. Au secours!

4. _____

CHAPITRE 3

Quiz 3-1B

a.
Il est évident que tu ne manges pas assez. Tu dois manger mieux. Essaie aussi de travailler moins ; deux ou trois jours par semaine, pas tous les jours!

c.
Tu devrais leur dire la vérité. Ils peuvent peut-être t'aider. Et bien sûr, demande à ton professeur de t'expliquer ce que tu ne comprends pas.

b.
D'abord, il faut que tu sois plus responsable. Pense un peu à tes parents. Ils s'inquiètent parce qu'ils t'aiment. Tu ne peux pas rentrer tard si tu n'as pas le droit de le faire. Sois plus prudent et essaie de comprendre tes parents.

d.
Tu sais, si elle fait tout ça, c'est parce qu'elle t'admire. Essaie d'être plus tolérante avec elle et partage tes affaires. Elle est plus jeune que toi et elle n'a pas encore trouvé son identité.

SCORE [   ]

III. Culture

C. Are these statements **a) true** or **b) false?** (7 points)

_____ 1. On dit que les Suisses sont disciplinés, minutieux et travailleurs.

_____ 2. D'habitude, les jeunes Suisses ont toujours des responsabilités à la maison.

_____ 3. La Suisse reste isolée du reste du monde.

_____ 4. La moitié de *(half of)* la Suisse est montagneuse.

_____ 5. Les Suisses ne restent pas très proches de leur famille.

_____ 6. La Suisse est composée de différents états qu'on appelle *cantons*.

_____ 7. Le français est une des quatre langues officielles de la Suisse.   SCORE [   ]

IV. Writing

D. Alphonse is asking his parent for permission to do three different activities over the weekend. In each case, his parent gives permission but says that he has to do a different chore first. Write their conversation using the subjunctive where appropriate. (12 points)

_____

_____

_____

_____

_____

_____

SCORE [   ]

TOTAL SCORE [/50]

Soyons responsables!

Quiz 3-2A

Maximum Score: 50/100

■ DEUXIEME ETAPE

Grammar and Vocabulary

A. Hugues is creating signs to post around school during the gala event organised by the French Club. Help him write these signs by using at least three different expressions for forbidding actions. (8 points)

      1. *Please do not walk on the grass.*
      2. *Please do not smoke.*
      3. *It's forbidden to write on the walls.*
      4. *Do not park.*

1. [   ]

3. [   ]

2. [   ]

4. [   ]

SCORE [   ]

B. Complete the following lists of what is good and bad for the environment by supplying the missing verbs. (24 points)

GOOD FOR THE ENVIRONMENT	BAD FOR THE ENVIRONMENT
_____ un arbre	_____ des ordures par terre
_____ la télé et les lumières	_____ l'énergie et l'eau
_____ le papier et le verre	_____ des aérosols
_____ des transports en commun	_____ des fleurs

SCORE [   ]

Quiz 3-2A

C. You see a friend doing things you don't like. Reproach him for his behavior using the cues provided. (6 points)

1. _____ fumer.
    (You're wrong to)

2. _____ faire du bruit.
    (It's not good to)

3. _____ utiliser d'aérosols.
    (You'd do better not to)

SCORE [   ]

D. As you reproach your friend, he justifies his actions. You, however, reject his excuses. Complete these conversations. Use different expressions for justifying actions and rejecting excuses each time. (12 points)

1. — Tu ne devrais pas faire de bruit.

_____

_____

_____

_____

_____

2. — Tu ne devrais pas utiliser d'aérosols.

_____

_____

_____

_____

_____

SCORE [   ]

TOTAL SCORE [/50   ]

Nom _____ Classe _____ Date _____

Soyons responsables!

DEUXIEME ETAPE

Maximum Score: 50/100

I. Listening

A. Listen to these five teenagers and indicate whether each one is **a) reproaching someone** or **b) making an excuse.** (15 points)

1. _____ 2. _____ 3. _____ 4. _____ 5. _____

SCORE [ ]

II. Reading

B. Mireille is planning to visit a national park in Quebec. Read the rules of the park she'll be visiting, and answer the questions that follow. (15 points)

REGLEMENT DU PARC
REGLES DE SECURITE

Pour votre sécurité et la protection du parc, veuillez vous conformer aux règles suivantes :

- Ne pas s'approcher des animaux ni les nourrir. Ils peuvent être sauvages.

- Ne conduire que sur les routes prévues à cet effet.

- Respecter les limites de vitesse.

- Rapporter tout accident à un garde forestier.

- Prière de tenir les animaux domestiques en laisse. Ne pas emmener d'animaux domestiques sur les chemins de randonnée, même en laisse.

- N'utiliser de bicyclettes ou autres véhicules ni sur ni en dehors des chemins de randonnée. Les bicyclettes sont autorisées là où les voitures sont permises.

- Interdit de camper sauf sur les sites autorisés. Se procurer un permis de camping dans l'arrière-pays.

- Il est interdit de cueillir des fleurs sauvages.

Why musn't one approach or feed the animals?

1. _____

Quiz 3-2B

If you bring your dog, what are two rules you need to observe?

2. _____

3. _____

If you drive, what are two rules you need to follow?

4. _____

5. _____

SCORE [____]

III. Writing

C. Your friend Jacques is not environmentally conscious. Complete the following conversations in which you respond to his statement by reproaching him and telling him what he should do instead. He will make an excuse, but you reject his excuse. (18 points)

1. — Je jette des papiers par terre.

— _____

— _____

— _____

— _____

2. — J'allume toujours la télévision quand je suis chez moi.

— _____

— _____

— _____

— _____

SCORE [____]

IV. Culture

D. What is **la minuterie?** (2 points)

_____

_____

SCORE [____]

TOTAL SCORE [____] /50

Nom _____ Classe _____ Date _____

3 Soyons responsables!

Chapter Test

I. Listening

Maximum Score: 30

A. Listen to the following conversations. For each one, decide whether the person is **a) granted permission** or **b) refused permission.** (10 points)

1. _____   2. _____   3. _____   4. _____   5. _____

SCORE [   ]

B. Jean and his sister Marie want to go out with friends, but first they have chores to do. Write the letter of the picture that illustrates what their parents ask them to do. (10 points)

a.

b.

c.

d.

e.

6. _____   7. _____   8. _____   9. _____   10. _____

SCORE [   ]

C. Listen to Marie as she tells you what she's in the habit of doing. Decide whether her habits are **a) responsible** or **b) irresponsible.** (10 points)

11. _____   12. _____   13. _____   14. _____   15. _____

SCORE [   ]

Chapter Test

II. Reading

Maximum Score: 30

D. Read what Armelle has written about her family. Then choose the chores that her family members are responsible for. (10 points)

> *Chez moi, tout le monde aide à la maison. Mes parents travaillent, alors il y a beaucoup de choses à faire chez nous. Nous sommes six dans ma famille et nous devons tous faire quelque chose. Moi, je fais la lessive et le repassage. Je déteste faire la poussière, alors c'est ma sœur Michèle qui la fait. Mes frères Matthieu et Daniel tondent la pelouse et arrosent le jardin tous les week-ends. Pendant la semaine, ils rangent aussi le salon. Ce n'est pas un travail intéressant, mais il faut le faire. Ma mère nettoie la salle de bains. Le chat, c'est la responsabilité de Michèle. Elle doit lui donner à manger tous les jours. Mon père sort le chien deux fois par jour et il passe l'aspirateur une fois par semaine. Moi, je mets la table. On aime manger en famille. Ma mère fait très bien la cuisine. Mon père fait la vaisselle tous les soirs. Et qui fait les vitres? Une fois par an, on travaille tous ensemble pour les laver.*

    a. feed the cat, dust, wash windows

    b. wash windows, vacuum, take the dog out, wash dishes

    c. set the table, do the laundry, iron, wash windows

    d. clean the living room, wash windows, mow the lawn, water the garden

    e. cook, clean the bathroom, wash windows

_____ **16.** Armelle

_____ **17.** La mère d'Armelle

_____ **18.** Michèle

_____ **19.** Matthieu et Daniel

_____ **20.** Le père d'Armelle

SCORE [ ]

French 3 Allez, viens!, Chapter 3

E. Read the following ad for a chain of French fast-food restaurants. Then decide whether the statements that follow are **a) true** or **b) false**. (10 points)

> Les restaurants **Mange-tout!** travaillent pour vous et pour le monde de vos enfants... Tout ce qu'on fait représente un geste en faveur de l'environnement.
>
> Aujourd'hui, nos sacs sont tous fabriqués à partir de papier ou de matériaux recyclés. On continue avec le remplacement des sacs blancs utilisés pour la vente à emporter par des sacs bruns en papier 100% recyclé non blanchi. C'est la volonté de nos restaurants de contribuer à une meilleure protection de l'environnement tout en s'assurant que l'ensemble de ces conditionnements garantissent une qualité constante.
>
> Et vous, que faites-vous pour protéger l'environnement? Aujourd'hui, nous vous recommandons d'agir à votre tour. Plantez un arbre. Recyclez le papier ou partagez votre véhicule. Et surtout, par respect pour notre terre, ne pas jetez pas vos ordures n'importe où. Merci d'y penser.
>
> **les restaurants MANGE-TOUT!**

_____ **21.** The company is using bags made of recycled paper.

_____ **22.** The company is switching its brown bags to white bags.

_____ **23.** The company is using recycled products to save money.

_____ **24.** This company suggests using public transportation.

_____ **25.** This company urges the public not to litter.

SCORE _____

CHAPITRE 3

Chapter Test

F. What do these signs mean? Match each sign with its message. (10 points)

a.

b.

c.

d.

e.

_____ **26.** Défense de pêcher.

_____ **27.** Il est interdit de fumer.

_____ **28.** Prière de ne pas marcher sur la pelouse.

_____ **29.** Interdiction de stationner.

_____ **30.** Veuillez ne pas manger dans cette salle.

SCORE ☐

III. Culture

Maximum Score: 10

G. Read the following statements about Switzerland and decide whether they're **a) true** or **b) false.** (10 points)

_____ **31.** Switzerland is a confederation of counties called **chalets.**

_____ **32.** German, French, Italian, and Romansch are the official languages spoken in Switzerland.

_____ **33.** Swiss clocks and watches are well known for their accuracy and precision.

_____ **34.** Switzerland has prospered due to its rich natural resources and its pleasant climate.

_____ **35.** **La minuterie** is an invention created to save electricity.

SCORE ☐

CHAPITRE 3

IV. Writing

Maximum Score: 30

H. You overhear a classmate make these remarks. Reproach him for his behavior. Then tell him what he must do, using **il faut que.** (10 points)

1.
> J'ai raté une interro et je l'ai caché à mes parents.

_____
_____
_____
_____

2.
> Le matin, je ne mange rien et à midi je prends des chips et un coca.

_____
_____
_____
_____

3.
> Je suis impatient avec mes grands-parents.

_____
_____
_____
_____

4.
> Je jette mes feuilles de papier par terre. Tout le monde fait pareil.

_____
_____
_____
_____

5.
> Mon petit frère veut toujours jouer à mes jeux vidéo. Ça m'embête!

_____
_____
_____
_____

SCORE _____

CHAPITRE 3

Chapter Test

I. List five household chores that different members of your family have to do. Be sure to use the verb **devoir** in your answers. (10 points)

1. _____
2. _____
3. _____
4. _____
5. _____

SCORE [ ]

J. You're making plans for the weekend. Write two conversations in which you ask your parent for permission to go somewhere. In the first, you get permission, but you must do something else first. In the second, you're denied permission. (10 points)

1. _____

2. _____

SCORE [ ]

TOTAL SCORE [/100]

CHAPITRE 3 Chapter Test Score Sheet

Circle the letter that matches the most appropriate response.

I. Listening
Maximum Score: 30

A. (10 points)

1. a b
2. a b
3. a b
4. a b
5. a b

SCORE [   ]

B. (10 points)

6. a b c d e
7. a b c d e
8. a b c d e
9. a b c d e
10. a b c d e

SCORE [   ]

C. (10 points)

11. a b
12. a b
13. a b
14. a b
15. a b

SCORE [   ]

II. Reading
Maximum Score: 30

D. (10 points)

16. a b c d e
17. a b c d e
18. a b c d e
19. a b c d e
20. a b c d e

SCORE [   ]

E. (10 points)

21. a b
22. a b
23. a b
24. a b
25. a b

SCORE [   ]

F. (10 points)

26. a b c d e
27. a b c d e
28. a b c d e
29. a b c d e
30. a b c d e

SCORE [   ]

III. Culture
Maximum Score: 10

G. (10 points)

31. a b
32. a b
33. a b
34. a b
35. a b

SCORE [   ]

CHAPITRE 3

IV. Writing

H. (10 points)

1. _____
   _____
2. _____
   _____
3. _____
   _____
4. _____
   _____
5. _____
   _____

SCORE [   ]

I. (10 points)

1. _____
2. _____
3. _____
4. _____
5. _____

SCORE [   ]

J. (10 points)

1. _____
   _____
   _____
   _____
2. _____
   _____
   _____
   _____

SCORE [   ]

TOTAL SCORE [/100]

CHAPITRE 3

Listening Scripts for Quizzes • Chapitre 3

Quiz 3-1B Première étape

I. Listening

1. — Papa, ça te dérange si je vais au cinéma avec Lorraine ce soir?
   — Tu sais que tu n'as pas le droit de sortir le soir pendant la semaine.
2. — Dites, vous voulez bien que je parte faire du camping avec des copains ce week-end?
   — Pas question. Tu n'as pas de bonnes notes en maths et il faut que tu étudies tes maths ce week-end.
3. — Je sais que tu n'aimes pas que je sorte pendant la semaine mais ce soir il y a une soirée chez Jean-Luc. C'est aujourd'hui son anniversaire. Est-ce que je peux y aller?
   — Bon, alors, ça va pour cette fois.
4. — Je peux aller chez Francine aujourd'hui?
   — Tu as des devoirs à faire?
   — J'ai tout fait.
   — Alors, d'accord, si tu as vraiment tout fait.
5. — Dis, Papa, je suis invitée à une soirée chez Karima samedi soir. Je peux y aller?
   — D'accord, mais il faut que tu rentres avant minuit.

Quiz 3-2B Deuxième étape

I. Listening

1. — Je suis quand même libre, non?
2. — Tout le monde fait pareil!
3. — Ce n'est pas parce que tout le monde le fait que tu dois le faire.
4. — Ce n'est pas une bonne raison!
5. — Je ne suis pas la seule à le faire!

Answers to Quizzes 3-1A and 3-1B • Chapitre 3

ANSWERS Quiz 3-1A

A. (4 points: 1 point per item)
Answers may vary. Possible answers:
1. Est-ce que je peux
2. Ça te dérange
3. J'aimerais
4. Tu veux bien que

B. (8 points: 2 points per item)
1. Tu n'as pas le droit de
2. Ce n'est pas possible
3. Ça va pour cette fois
4. Tu dois

C. (12 points: 2 points per item)
1. doit
2. dois
3. dois
4. devez
5. devons
6. doivent

D. (10 points: 1 point per item)
Answers may vary. Possible answers:
1. arroser; tondre; ramasser
2. donner
3. faire; faire
4. nettoyer; passer
5. débarrasser; faire

E. (16 points: 2 points per item)
1. fasse
2. viennes
3. mettiez
4. nous occupions
5. lavent
6. soyons
7. attende
8. finissiez

ANSWERS Quiz 3-1B

I. Listening
A. (15 points: 3 points per item)
1. b
2. b
3. a
4. a
5. a

II. Reading
B. (16 points: 4 points per item)
1. b
2. d
3. c
4. a

III. Culture
C. (7 points: 1 point per item)
1. a
2. a
3. b
4. b
5. b
6. a
7. a

IV. Writing
D. (12 points)
Answers will vary. Possible answer:
— Ça te dérange si je vais au cinéma cet après-midi?
— D'accord, mais il faut que tu tondes la pelouse d'abord.
— Dis, est-ce que je peux aller au parc avec des amis ce matin?
— Oui, bien sûr. Mais d'abord, il faut que tu passes l'aspirateur.
— J'aimerais bien aller regarder une vidéo chez Dominique dimanche. Je peux y aller?
— Oui, mais d'abord, il faut que tu arroses le jardin.

ANSWERS Quiz 3-2A

A. (8 points: 2 points per item)
Answers may vary. Possible answers:
1. Veuillez ne pas marcher sur la pelouse.
2. Prière de ne pas fumer.
3. Il est interdit d'écrire sur les murs.
4. Défense de stationner.

B. (24 points: 3 points per item)
GOOD FOR THE ENVIRONMENT:
planter; éteindre; recycler; prendre

BAD FOR THE ENVIRONMENT:
jeter; gaspiller; utiliser; cueillir

C. (6 points: 2 points per item)
1. Tu as tort de
2. Ce n'est pas bien de
3. Tu ferais mieux de ne pas

D. (12 points: 6 points per item)
Answers will vary. Possible answers:
1. — Je ne suis pas le seul à faire du bruit.
   — Ce n'est pas parce que tout le monde le fait que tu dois le faire.

2. — Je suis quand même libre, non?
   — Ce n'est pas une raison.

ANSWERS Quiz 3-2B

I. Listening
   A. (15 points: 3 points per item)
   1. b
   2. b
   3. a
   4. a
   5. b

II. Reading
   B. (15 points: 3 points per item)
   Answers will vary. Possible answers:
   1. They might be dangerous.
   2. Keep the dog on a leash.
   3. Don't take the dog on the hiking trails.
   4. Respect the speed limit.
   5. Don't drive on the hiking trails.

III. Writing
   C. (18 points: 9 points per item)
   Answers will vary. Possible answers:
   1. — Je jette des papiers par terre.
      — Tu ne devrais pas jeter de papiers par terre. Tu devrais les recycler.
      — Tout le monde fait pareil.
      — Ce n'est pas parce que tout le monde le fait que tu dois le faire!
   2. — J'allume toujours la télévision quand je suis chez moi.
      — Tu as tort de gaspiller l'énergie. Tu ferais mieux d'éteindre la télé quand tu ne la regardes pas.
      — Je suis quand même libre, non?
      — Ce n'est pas une raison.

IV. Culture
   D. (2 points)
   Answers may vary. Possible answer:
   La minuterie is a timer that turns off lights in buildings to save electricity.

Scripts for Chapter Test • Chapitre 3

I. Listening

A. 1. —J'aimerais aller au cinéma avec Marc et Pierre.
   —C'est d'accord, si tu donnes à manger au chien avant de partir.
   2. —Ça te dérange si je vais à une boum jeudi?
   —Tu sais bien que tu n'as pas le droit de sortir pendant la semaine. Tu dois aller à l'école le lendemain.
   —Mais, Maman, s'il te plaît? Tous mes amis y vont!
   —Non, c'est non!
   3. —Mes amis vont faire du camping ce week-end au lac. J'aimerais y aller avec eux. Je peux?
   —Qui y va? Il y aura des adultes?
   —Je ne sais pas. Je pense que oui. Tous mes amis y vont.
   —Je ne pense pas que ce soit une bonne idée. De toute façon, tu dois tondre la pelouse ce week-end.
   —Papa, s'il te plaît?
   —J'ai dit non.
   4. —Tu veux bien que j'aille chez Martine pour étudier? On a une interro demain et elle m'a promis de m'aider.
   —Oui, bien sûr! Mais ne rentre pas trop tard.
   5. —Ça te dérange si je fais la vaisselle plus tard?
   —Ça dépend. Pourquoi?
   —Il y a un nouveau film au cinéma et j'ai promis à Lise d'y aller avec elle.
   —Ça va pour cette fois, mais la prochaine fois, demande-moi avant de lui promettre quelque chose.
   —D'accord.

B. 6. —J'aimerais sortir avec mes amis. Je peux?
   —Oui, mais il faut d'abord que tu passes l'aspirateur.
   —Bon, d'accord.
   7. —Je voudrais aller au cinéma avec Martine et Claire.
   —C'est d'accord, si tu arroses le jardin avant de partir.
   —Je peux le faire demain?
   —Non, maintenant ou tu ne sortiras pas.
   —J'y vais, j'y vais.
   8. —Ça te dérange si je vais chez Pierre?
   —Non, mais est-ce que tu as fait ton lit comme je t'ai demandé?
   —Oui, je viens de le faire.
   9. —Tu veux bien que j'aille chez Paul et Luc après le dîner?
   —C'est d'accord, si tu mets d'abord la table.
   —Pas de problème.
   10. —J'aimerais aller faire du shopping avec Josie et Brigitte. Je peux?
   —Oui, mais il faut que tu tondes la pelouse aujourd'hui.
   —Je peux le faire cet après-midi?
   —Bon, si tu veux.

C. 11. Je n'oublie jamais d'éteindre la télé quand j'ai fini de la regarder. Je ne veux pas gaspiller l'énergie.
   12. J'essaie toujours de conduire prudemment.
   13. Quand je me coiffe, j'utilise toujours des aérosols.
   14. J'aime beaucoup aider les personnes âgées.
   15. Quand je ne trouve pas de poubelle, je jette mes ordures par terre.

Answers to Chapter Test • Chapitre 3

I. Listening   Maximum Score: 30 points

A. (10 points: 2 points per item)
1. a
2. b
3. b
4. a
5. a

B. (10 points: 2 points per item)
6. e
7. c
8. d
9. b
10. a

C. (10 points: 2 points per item)
11. a
12. a
13. b
14. a
15. b

II. Reading   Maximum Score: 30 points

D. (10 points: 2 points per item)
16. c
17. e
18. a
19. d
20. b

E. (10 points: 2 points per item)
21. a
22. b
23. b
24. b
25. a

F. (10 points: 2 points per item)
26. e
27. c
28. b
29. a
30. d

III. Culture   Maximum Score: 10 points

G. (10 points: 2 points per item)
31. b
32. a
33. a
34. b
35. a

IV. Writing   Maximum Score: 30 points

H. (10 points: 2 points per item)
Answers will vary. Possible answers:
1. Tu as tort de cacher quelque chose à tes parents. Il faut que tu dises la vérité à tes parents.
2. Tu ne devrais pas manger si mal! Il faut que tu manges mieux!
3. Ce n'est pas bien d'être impatient avec les personnes âgées. Il faut que tu respectes tes grands-parents.
4. Ce n'est pas parce que tout le monde le fait que tu dois le faire! Il faut que tu recycles tes feuilles de papier.
5. Tu ferais mieux d'être plus gentil avec ton frère. Il faut que tu partages tes affaires.

I. (10 points: 2 points per item)
Answers will vary. Possible answers:
1. Moi, je dois tondre la pelouse.
2. Je dois aussi ranger le salon.
3. Mon frère doit faire la poussière.
4. Mes parents doivent faire la cuisine.
5. Mon père doit faire la lessive.

J. (10 points: 5 points per item)
Answers will vary. Possible answers:
1. — Je peux aller au cinéma cet après-midi?
   — D'accord. Mais d'abord, tu dois ranger ta chambre.

2. — Tu veux bien que je sorte ce soir?
   — Pas question. Tu dois garder ta petite sœur.

Nom _____ Classe _____ Date _____

Quiz 4-1A

Maximum Score: 50/100

■ PREMIERE ETAPE

Grammar and Vocabulary

A. A French friend is asking your opinion of the clothes some other friends are wearing. First complete your friend's questions with the name of the indicated clothing item. Then give your opinion of the item. Use four different expressions to state your opinion. (16 points)

1. _____
2. _____
3. _____
4. _____

1. — Comment tu trouves _____ de Lin?
   — _____

2. — Est-ce que tu aimes _____ de Damien?
   — _____

3. — Et _____ de Noémie? Elle te plaît?
   — _____

4. — Regarde _____ de Frédéric. Qu'en penses-tu?
   — _____

SCORE _____

B. Henri is at a class reunion. Read his comments about the clothing he sees, and list the clothing items mentioned in the appropriate category on page 68. (16 points)

- Regarde cette cravate! Elle est ringarde, non?
- Tu as vu la mini-jupe de Claire? Quelle classe!
- Cette chemise est tape-à-l'œil!
- Ces bottes sont affreuses!

- Quel débardeur génial!
- Ce costume est trop sobre.
- Un foulard comme celui-là fait vieux.
- Les pattes d'eph comme ça, ça fait vraiment cloche!

Quiz 4-1A

LIKES	DISLIKES
_____	_____
_____	_____
_____	_____
_____	_____
_____	_____
_____	_____

SCORE _____

C. Marianne and Fabien are at the mall and Marianne is talking about all the things she likes. Complete their conversation with the appropriate forms of an interrogative or demonstrative pronoun. (18 points)

— Oh, regarde ces gants! Comme ils sont chic!

— **(1)** _____?
  (Which ones)

— **(2)** _____ en laine.
  (Those)

— Comme elle me plaît cette jupe!

— **(3)** _____?
  (Which one)

— **(4)** _____-là, la jupe écossaise.
  (That one)

— Tu n'aimes pas ce costume?

— **(5)** _____? **(6)** _____-ci?
  (Which one)   *(This one)*

— Et comment trouves-tu ces chemises?

— **(7)** _____? **(8)** _____ en coton?
  (Which ones)   *(The ones)*

— Non, non, **(9)** _____ en denim.
  (the ones)

SCORE _____

TOTAL SCORE _____ **/50**

CHAPITRE 4

Des goûts et des couleurs

Quiz 4-1B

■ PREMIÈRE ÉTAPE

Maximum Score: 50/100

I. Listening

A. Listen as five teenagers give their opinions about various types of clothing. In each case, indicate whether the speaker is expressing **a) a positive opinion** or **b) a negative opinion**. (15 points)

1. _____   2. _____   3. _____   4. _____   5. _____

SCORE [   ]

II. Reading

B. Fatima is participating in a survey on what young people like to wear. Read her response and then answer the questions in English. (16 points)

Moi, j'aime bien faire les magasins, mais à mon avis, la mode, ce n'est pas très important. J'achète souvent de nouveaux vêtements, mais je préfère acheter des accessoires, des trucs un peu bizarres, comme des pendentifs, des sacs, des gants. Ça fait vraiment original. Je porte surtout des caleçons ou des jeans avec des tee-shirts, des pulls et des bottes. Je veux être bien dans mes vêtements. Je ne porte jamais de robes ni de hauts talons; c'est trop ringard. Je n'aime pas les pulls à col roulé non plus.

1. How does Fatima feel about fashion in general?
   _____
   _____

2. What type of accessories does she usually buy?
   _____
   _____

3. What does she like to wear? Why?
   _____
   _____

4. What does she dislike wearing? Why?
   _____
   _____

SCORE [   ]

CHAPITRE 4

III. Culture

C. Do you recognize these French names? Put them in the appropriate categories. (7 points)

Ton sur Ton® Christian Dior®	Kookaï® Nina Ricci®	NAF NAF® Le Printemps

DEPARTMENT STORES　　　　　DESIGNERS　　　　　BOUTIQUES

_____　　　_____　　　_____

_____　　　_____　　　_____

_____　　　_____　　　_____

SCORE [   ]

IV. Writing

D. A friend wants your opinion on one of the items from each pair pictured. Write a conversation in which your friend asks if you like the item. You ask which one. He or she then identifies which one. You give your opinion of the item in question and tell why you like or dislike it. (12 points)

1.

— Est-ce que tu aimes cette cravate?

_____

_____

_____

_____

_____

_____

2.

— Est-ce que tu aimes cette robe?

_____

_____

_____

_____

_____

_____

SCORE [   ]

TOTAL SCORE [   ] /50

CHAPITRE 4

Des goûts et des couleurs

■ DEUXIEME ETAPE

Quiz 4-2A

Maximum Score: 50/100

Grammar and Vocabulary

A. Antoinette is always unsure about her appearance. Reassure her by paying her three different compliments. (9 points)

1. — Je trouve que ma nouvelle coupe ne me va pas bien.

— Au contraire! _____ .

2. — Et ma nouvelle jupe? Tu ne trouves pas qu'elle est un peu trop large?

— Mais non! _____ .

3. — Dis, tu crois que cette jupe va avec ce pull?

— Mais oui! _____ .

SCORE ☐

B. How might Antoinette respond to the compliments given in Activity A? Use three different expressions to respond. (6 points)

1. _____

2. _____

3. _____

SCORE ☐

C. Several clients are having their hair done today at the **Salon Mode Plus.** Complete what each person says to the hairdresser by choosing the appropriate expression from the box. Use each expression only once. (15 points)

| friser | teindre | maquiller | une coupe | un chignon |
| une barbe | la frange | un shampooing | couper les cheveux |

1. Je n'aime pas la couleur de mes cheveux. Je voudrais me faire _____

les cheveux.

Quiz 4-2A

2. J'en ai marre d'avoir les cheveux longs. Je voudrais avoir _____ au carré.

3. Mon mari et moi, on va dîner dans un restaurant très chic ce soir. Pourriez-vous me faire

   _____?

4. Je voudrais qu'on me lave les cheveux. Pourriez-vous me faire _____?

5. J'ai les cheveux trop longs. Pourriez-vous me _____?

SCORE [   ]

D. Sylvie is a real "do-it-yourselfer," but her brother Paul prefers to have everything done for him. Write what he says to Sylvie in each case. Use the causative **faire.** (20 points)

1. — Je me teinds les cheveux moi-même.

   — Moi, je _____ chez le coiffeur.

2. — Je tonds la pelouse moi-même.

   — Moi, je _____ par le fils d'un voisin.

3. — Je vérifie moi-même la pression des pneus de ma voiture.

   — Moi, je _____ à la station-service.

4. — Je me coupe les cheveux moi-même.

   — Moi, je _____ chez le coiffeur.

5. — Je répare ma voiture moi-même.

   — Moi, je _____ par un garagiste.

SCORE [   ]

TOTAL SCORE [   ] **/50**

4 Des goûts et des couleurs

Quiz 4-2B

■ DEUXIEME ETAPE

Maximum Score: 50/100

I. Listening

A. Listen to Madame Leclerc listing all the things she needs to do today. For each activity, decide if it is something a) **she will do herself** or b) **she will have someone do for her.** (15 points)

1. _____   2. _____   3. _____   4. _____   5. _____   SCORE [   ]

II. Reading

B. Read this ad for the hair salon, **Salon CoCo,** and indicate whether the statements that follow are a) **true** or b) **false.** (15 points)

Salon CoCo

nouveaux looks pour femmes modernes

le look Angélique

Pour celles qui aiment se faire remarquer sans passer trop de temps devant le miroir. Jolie coupe, entretien facile. Salon CoCo vous offre le shampooing, la coupe et la teinture pour 115 € seulement! Supplément pour cheveux frisés après un défrisage.

le look Caroline

Style à la fois simple et élégant, convient surtout aux femmes actives. Structuré mais souple, c'est un look qui s'adapte à toutes les occasions. Salon CoCo vous offre le shampooing, la coupe et la permanente pour 100 € seulement! Choix d'accessoires pour cheveux à tous les prix.

_____ 1. The **Angélique** style is designed for women who like to spend time working on their hair.

_____ 2. The **Angélique** style is appropriate for women who like to be noticed.

_____ 3. The price for the **Angélique** style includes a wash, a cut, and a curl.

_____ 4. The **Caroline** style is adaptable to many situations.

_____ 5. Hair accessories are included in the price of the **Caroline** style.   SCORE [   ]

Quiz 4-2B

CHAPITRE 4

III. Writing

C. Look at this picture of Dominique and her friends. Describe their hairstyles. Say two things about each person's hair (style, length, probable color, and so on). (10 points)

1. _____
_____
2. _____
_____
3. _____
_____
4. _____
_____
5. _____
_____

SCORE _____

D. Your friend is dressed to go to a party, but is unsure about the outfit he or she is wearing. Write a conversation in which you compliment your friend and reassure him or her. You should write at least five sentences. (10 points)

_____
_____
_____
_____
_____
_____
_____
_____
_____
_____

SCORE _____

TOTAL SCORE _____ /50

4 Des goûts et des couleurs

CHAPITRE

Chapter Test

I. Listening

Maximum Score: 30

A. Listen to the following conversations. For each one, decide whether the second speaker
a) likes or **b) dislikes** the clothing or hairstyle. (10 points)

1. _____

2. _____

3. _____

4. _____

5. _____

SCORE [   ]

B. Listen as Frédéric points out his friends to Ahmed. As Frédéric describes each friend, select the person's picture from the illustrations below. (10 points)

a.

b.

c.

d.

e.

6. _____ 7. _____ 8. _____ 9. _____ 10. _____

SCORE [   ]

Chapter Test

CHAPITRE 4

C. You overhear these conversations in a department store. For each one, decide whether the second speaker is **a) responding to a compliment** or **b) reassuring someone.** (10 points)

11. _____   12. _____   13. _____   14. _____   15. _____

SCORE [ ]

II. Reading

Maximum Score: 30

D. Isabelle and her friend Martine are talking about the party they went to last night. Match each person in the picture below with the correct name from the list, based on their conversation. (10 points)

ISABELLE	Tu as vu Lucie? Qu'est-ce qu'elle portait?	_____ **16.** Lucie
MARTINE	Elle avait sa mini-jupe écossaise. Tu ne l'as pas vue? Elle portait aussi des bottes.	_____ **17.** Henri
ISABELLE	Ah, oui, c'est vrai. Tu as vu Henri avec sa cravate en soie? Très B.C.B.G., non?	_____ **18.** Nathan
MARTINE	Oui, il faisait vraiment sérieux. Et Nathan? Tu l'as vu?	_____ **19.** Patricia
ISABELLE	Oui, il portait un gilet avec un jean.	_____ **20.** Martine
MARTINE	Je ne l'ai pas vu hier. Mais, par contre, j'ai parlé à Patricia. J'adore ce qu'elle portait hier soir. Elle avait son caleçon à pois. Il est hyper cool.	
ISABELLE	Oui, j'aime bien aussi. Tiens, Martine, j'ai oublié, qu'est-ce que tu portais, toi?	
MARTINE	Ma robe à col en V.	
ISABELLE	Ah, oui.	

SCORE [ ]

French 3 Allez, viens!, Chapter 4

E. Read the following ad from the catalogue of a French clothing store. Then decide whether the statements that follow are **a) true** or **b) false.** (10 points)

Venez à SUPER-MODE!

Du 13 au 16 février, tous les vêtements d'hiver
sont soldés à 50%. Alors, venez profiter de nos
prix exceptionnels pendant tout le week-end.

PANTALON noir. Coupe classique. Confortable
du matin au soir, 30 €; SAC en cuir, joli et
pratique, 45 €; VESTE courte en jean, quatre
poches. Relax, mais chic. En bleu, rouge ou noir,
36 €; BERET en laine, gris, rouge, noir ou blanc,
11 €; CHAUSSURES en cuir, 36 €.

JUPE COURTE avec boutons noirs sur le devant.
Vendue avec une ceinture en cuir. Existe en
blanc, rouge ou gris. Classique et toujours à la
mode, 30 €.

COL ROULE en laine, vert, rouge,
ou noir; taille unique, 19 €.

_____ **21.** There are no shoes featured in this ad.

_____ **22.** The jacket is more expensive than the skirt.

_____ **23.** The most expensive item in this ad is the jacket.

_____ **24.** The hat is made of silk.

_____ **25.** The turtleneck is available in three colors.

SCORE [____]

CHAPITRE 4

 Chapter Test

F. Véronique and Fatima are getting ready to go out tonight. Read their conversation and then choose the correct answers to the questions that follow. (10 points)

VERONIQUE Tu t'es fait couper les cheveux?

FATIMA Oui, ça te plaît? Je voulais une permanente parce que j'adore les cheveux frisés, mais la coiffeuse m'a dit que ce n'était pas une bonne idée quand on a déjà les cheveux teints. Elle m'a conseillé une coupe au carré avec une frange.

VERONIQUE Ça te va très bien. Et puis, ça fait classe. Dis, pour ce soir, qu'est-ce que tu penses de ce chemisier en soie avec ma mini-jupe bleu marine?

FATIMA Lequel? Celui à pois?

VERONIQUE Non, celui que j'ai acheté le mois dernier. Il est à rayures rouges.

FATIMA Ah, oui, celui que tu mets avec ta jupe rouge d'habitude. Il est assorti à ta jupe rouge mais je le trouve un peu tape-à-l'œil avec ta jupe bleu marine.

VERONIQUE Tu crois? Bon alors, je vais mettre mon chemisier blanc en soie. Et comme chaussures, je vais mettre ces hauts talons bleu marine. Qu'en penses-tu?

FATIMA Bonne idée. Ils sont super.

VERONIQUE Oh, tu sais, je ne les ai pas payés cher. Tu es sûre que ça va?

FATIMA Fais-moi confiance! Tu es très élégante comme ça!

_____ **26.** Why did the hairdresser advise Fatima not to get a perm?
   a. Her hair is too short.   **c.** Her hair is too long.
   b. Her hair is dyed.   **d.** Her hair is already curly.

_____ **27.** What did Fatima have done to her hair?
   a. She got a square cut.   **c.** She got a crew cut.
   b. She got braids.   **d.** She had her hair dyed.

_____ **28.** What does Fatima think of the red blouse with the blue skirt?
   a. It's cheap.   **c.** It's gaudy.
   b. It's really cool.   **d.** It's plain.

_____ **29.** What type of shoes is Véronique going to wear?
   a. tennis shoes   **c.** boots
   b. sandals   **d.** high heels

_____ **30.** What does Fatima think of Véronique's outfit?
   a. It's wild.   **c.** It's cool.
   b. It's elegant.   **d.** It's gaudy.

SCORE [   ]

Chapter Test

III. Culture
Maximum Score: 10

G. What have you learned about the French sense of style? Read these phrases and select the most appropriate completion for each one. (10 points)

31. The majority of French people most often dress in a style that is . . .
    a. natural and personal.
    b. elegant and expensive.

32. French women generally tend to like . . .
    a. lots of accessories.
    b. simple hairstyles and little makeup.

33. French men tend to wear . . .
    a. a lot of jewelry.
    b. little jewelry.

34. France is famous for its fashion houses such as that of . . .
    a. Nina Ricci.
    b. Kookaï.

35. Fashion and **haute couture** are very important in France, and the French . . .
    a. are limited to buying their clothes from famous fashion houses.
    b. have a large variety of choice in stores, quality, and price.

SCORE [ ]

IV. Writing
Maximum Score: 30

H. What are things you sometimes have done for you rather than doing them yourself? Make a list of five things using the causative **faire.** (10 points)

- *laver les vêtements*   **??**   *réparer la voiture*   *Vérifier l'huile*

1. _____

2. _____

3. _____

4. _____

5. _____

SCORE [ ]

Chapter Test

I. Imagine you're a fashion critic. Write what you think of the following outfits. Justify your opinions. (8 points)

1. _____
   _____
   _____
   _____
   _____
   _____

2. _____
   _____
   _____
   _____
   _____
   _____

SCORE [ ]

J. Describe the look you prefer. What clothes do you like to wear? What hairstyle? You should write at least four sentences in French. (12 points)

_____
_____
_____
_____
_____
_____
_____
_____
_____

SCORE [ ]

TOTAL SCORE [/100]

Circle the letter that matches the most appropriate response.

I. Listening

Maximum Score: 30

A. (10 points)

1. a b
2. a b
3. a b
4. a b
5. a b

SCORE _____

B. (10 points)

6. a b c d e
7. a b c d e
8. a b c d e
9. a b c d e
10. a b c d e

SCORE _____

C. (10 points)

11. a b
12. a b
13. a b
14. a b
15. a b

SCORE _____

II. Reading

Maximum Score: 30

D. (10 points)

16. a b c d e
17. a b c d e
18. a b c d e
19. a b c d e
20. a b c d e

SCORE _____

E. (10 points)

21. a b
22. a b
23. a b
24. a b
25. a b

SCORE _____

F. (10 points)

26. a b c d
27. a b c d
28. a b c d
29. a b c d
30. a b c d

SCORE _____

III. Culture

Maximum Score: 10

G. (10 points)

31. a b
32. a b
33. a b
34. a b
35. a b

SCORE _____

IV. Writing

Maximum Score: 30

CHAPITRE 4

H. (10 points)

1. _____
2. _____
3. _____
4. _____
5. _____

SCORE [   ]

I. (8 points)

1. _____
   _____
   _____
   _____

2. _____
   _____
   _____
   _____

SCORE [   ]

J. (12 points)

_____
_____
_____
_____
_____
_____
_____
_____
_____
_____
_____

SCORE [   ]

TOTAL SCORE [   ] **/100**

French 3 Allez, viens!, Chapter 4

Listening Scripts for Quizzes • Chapitre 4

Quiz 4-1B Première étape

I. Listening

1. — Les pattes d'eph? Ça fait vraiment cloche!
2. — Où est-ce que tu as acheté cette cravate? Je la trouve super!
3. — Tu as acheté des bottes en cuir? J'aime bien ce genre de bottes.
4. — Cette jupe écossaise? Je la trouve moche!
5. — Tu as vu les bretelles de Marc? C'est trop tape-à-l'œil!

Quiz 4-2B Deuxième étape

I. Listening

1. — Je dois faire nettoyer mon tailleur.
2. — Je vais aller vérifier l'huile.
3. — Je vais me teindre les cheveux.
4. — Je dois réparer mon jean.
5. — Je vais faire laver la voiture.

ANSWERS Quiz 4-1A

A. (16 points: 4 points per item)
Answers for opinions will vary. Possible
answers:
1. le caleçon; Je le trouve super!
2. le gilet; Non, il ne me plaît pas du tout.
3. la robe; Oui, je l'aime bien.
4. le pantalon; Je trouve qu'il fait vieux.

B. (16 points: 2 points per item)
LIKES: la mini-jupe, le débardeur
DISLIKES: la cravate, la chemise, les bottes,
le costume, le foulard, les pattes d'eph

C. (18 points: 2 points per item)
1. Lesquels
2. Ceux
3. Laquelle
4. Celle
5. Lequel
6. Celui
7. Lesquelles
8. Celles
9. Celles

ANSWERS Quiz 4-1B

I. Listening

A. (15 points: 3 points per item)
1. b
2. a
3. a
4. b
5. b

II. Reading

B. (16 points: 4 points per item)
Answers will vary. Possible answers:
1. She likes shopping, but she doesn't consider fashion important.
2. pendants, purses, gloves, unusual things
3. leggings, jeans, T-shirts, sweaters, and boots; She wants to be comfortable.
4. dresses, high heels, turtleneck sweaters; She thinks they're corny.

III. Culture

C. (7 points: 1 point per item)

DEPARTMENT STORES	DESIGNERS	BOUTIQUES
Les Galeries Lafayette	**Christian Dior**	**Ton sur Ton**
Le Printemps	**Nina Ricci**	**NAF NAF**
		Kookaï

IV. Writing

D. (12 points: 6 points per item)
Answers will vary. Possible answers:
1. — Laquelle?
   — Celle en soie.
   — Oui, elle me plaît beaucoup. Elle est hyper cool!

2. — Laquelle?
   — Celle à rayures.
   — Non, je ne l'aime pas. Elle est trop sobre.

ANSWERS Quiz 4-2A

A. (9 points: 3 points per item)
Answers will vary. Possible answers:
1. Ça fait très bien.
2. Elle te va comme un gant.
3. Elle est assortie à ton pull.

B. (6 points: 2 points per item)
Answers will vary. Possible answers:
1. Ça te plaît vraiment?
2. Tu crois?
3. Tu sais, cette jupe, je ne l'ai pas payée cher.

C. (15 points: 3 points per item)
1. teindre
2. une coupe
3. un chignon
4. un shampooing
5. couper les cheveux

D. (20 points: 4 points per item)
1. me fais teindre les cheveux
2. fais tondre la pelouse
3. fais vérifier la pression des pneus
4. me fais couper les cheveux
5. fais réparer ma voiture

ANSWERS Quiz 4-2B

I. Listening
  A. (15 points: 3 points per item)
  1. b
  2. a
  3. a
  4. a
  5. b

II. Reading
  B. (15 points: 3 points per item)
  1. b
  2. a
  3. b
  4. a
  5. b

III. Writing
  C. (10 points: 2 points per item)
  Answers may vary. Possible answers:
  1. Elle a les cheveux longs / noirs. Elle a une natte.
  2. Il a les cheveux courts / bruns. Il a les cheveux en brosse.
  3. Elle a les cheveux courts / raides. Elle a une coupe au carré.
  4. Il a les cheveux courts / noirs / frisés.
  5. Elle a les cheveux longs / raides. Elle a une frange.

  D. (10 points)
  Answers will vary. Possible answer:
  — Qu'est-ce que tu penses de mon ensemble?
  — Ça te va comme un gant! Crois-moi!
  — C'est pas trop sobre?
  — Non, tu es très élégante avec ça. Je ne dis pas ça pour te faire plaisir.

Scripts for Chapter Test • Chapitre 4

I. Listening

A. 1. — Comment tu trouves ces bottes en cuir?
   — Je les aime bien. Elles sont assorties à ta jupe noire.
   2. — Elle te plaît, ma nouvelle coupe de cheveux?
   — Je te trouve très bien comme ça. J'adore les cheveux coupés au carré.
   3. — Tu n'aimes pas ma nouvelle cravate à pois?
   — Non, pas du tout. Ça fait vraiment cloche!
   4. — Qu'est-ce que tu penses de ma permanente?
   — Elle me plaît beaucoup. J'adore les cheveux frisés.
   5. — Qu'est-ce que tu penses de ce gilet en laine et de cette jupe en cuir?
   — Je les trouve pas terribles ensemble. Crois-moi, ce chemisier est mieux assorti à la jupe.

B. 6. — C'est laquelle, Marianne?
   — Celle qui a une queue de cheval et une frange. Tu la vois?
   — Ah, bon. D'accord.
   7. — Tu le vois, Luc?
   — C'est lui? Le garçon avec des pattes?
   — Mais non, celui avec la coupe en brosse.
   8. — Tu connais Julie?
   — Euh... Je ne suis pas sûr. Elle a les cheveux longs?
   — Non, elle a les cheveux courts et frisés.
   9. — Et qui est ton amie Tania?
   — C'est elle, la fille aux cheveux longs et raides.
   10. — Et Manuel, c'est qui?
   — C'est celui qui a la moustache.
   — Ah, bon.

C. 11. — Et cette robe bleu foncé, qu'est-ce que tu en penses?
   — Crois-moi. C'est tout à fait toi.
   12. — J'aime bien cette cravate en soie. Ça te va très bien. Ça fait vraiment chic.
   — Tu trouves? C'est gentil.
   13. — Ça te plaît vraiment, mes cheveux en brosse?
   — Fais-moi confiance. Ça fait très bien.
   14. — Je trouve que ça fait classe, ton pendentif.
   — Oh, c'est un vieux truc. Je ne l'ai pas acheté cher.
   15. — Tu trouves vraiment que cette chemise en soie va bien avec mon pantalon?
   — Oui, et je ne dis pas ça pour te faire plaisir.

Answers to Chapter Test • Chapitre 4

I. Listening   Maximum Score: 30 points

A. (10 points: 2 points per item)   **B.** (10 points: 2 points per item)   **C.** (10 points: 2 points per item)

1. a	6. e	11. b
2. a	7. d	12. a
3. b	8. a	13. b
4. a	9. c	14. a
5. b	10. b	15. b

II. Reading   Maximum Score: 30 points

D. (10 points: 2 points per item)   **E.** (10 points: 2 points per item)   **F.** (10 points: 2 points per item)

16. e	21. b	26. b
17. d	22. a	27. a
18. b	23. b	28. c
19. a	24. b	29. d
20. c	25. a	30. b

III. Culture   Maximum Score: 10 points

G. (10 points: 2 points per item)

31. a
32. b
33. b
34. a
35. b

IV. Writing   Maximum Score: 30 points

H. (10 points: 2 points per item)
Answers will vary. Possible answers:
1. Je me fais teindre les cheveux.
2. Je fais vérifier l'huile.
3. Je me fais couper les cheveux.
4. Je fais faire la vidange.
5. Je fais réparer la voiture.

I. (8 points: 4 points per item)
Answers will vary. Possible answers:
1. Ce short, je trouve qu'il fait vulgaire! C'est affreux!
2. Un costume comme ça, ça fait classe. C'est hyper cool.

J. (12 points)
Answers will vary.

C'est notre avenir

PREMIERE ETAPE

Maximum Score: 50/100

Grammar and Vocabulary

A. Marianne is talking about what she and her friends plan for the future and on what these plans depend. Complete her statements with the appropriate present or future tense form of the logical verb. (24 points)

> avoir   réussir   se marier   aller   pouvoir   faire   être   passer

1. — Si Michel _____ son bac, il entrera à l'université.

2. — Si Philippe trouve un travail, il _____ avec Danielle.

3. — Si Claire et moi, nous trouvons un travail, nous _____ en Espagne pendant les vacances.

4. — Si Marc et toi, vous _____ votre service militaire à Toulon, vous devrez quitter votre famille.

5. — Si Yassar _____ son permis de conduire, il travaillera comme chauffeur.

6. — Si Sarah reçoit son diplôme de l'école de commerce, elle _____ trouver un travail dans une banque.

7. — Si Philippe et Danielle se marient, ils _____ certainement des enfants.

8. — Et moi? Si je finis mes études, je _____ heureuse!

SCORE [   ]

B. Ask a friend about her plans and say what you plan to do by putting the elements of these sentences into a logical order. (18 points)

1. à / tiens / je / être / professeur

_____

2. qu'est-ce que / vas / faire / tu

_____

Quiz 5-1A

3. as /qu'est-ce que / de / faire / tu / l'intention

_____

4. devenir / médecin / pense / je

_____

5. faire / qu'est-ce que / comptes / tu

_____

6. que / je / il / me marie / se peut

_____

SCORE [ ]

C. Marianne and Michel have the same plans for the future. However, while Marianne is very sure what she is going to do, Michel is still unsure. Complete Michel's statements using either the future tense or the subjunctive as appropriate. (8 points)

1. MARIANNE Je vais entrer à l'université.

   MICHEL Il se peut que j' _____.

2. MARIANNE Je vais étudier la médecine.

   MICHEL Peut-être que j' _____.

3. MARIANNE Je vais finir mes études en quatre ans.

   MICHEL Il est possible que je _____.

4. MARIANNE Je vais trouver un travail intéressant.

   MICHEL Peut-être que je _____.

SCORE [ ]

TOTAL SCORE [/50]

CHAPITRE 5

C'est notre avenir

■ PREMIERE ETAPE

I. Listening

A. Listen as some teenagers talk about future plans. Indicate whether each statement is **a) logical** or **b) not logical.** (12 points)

1. _____   2. _____   3. _____   4. _____

SCORE [   ]

II. Reading

B. Read Angèle's letter to a friend. Then decide if the statements on page 92 are **a) true** or **b) false.** (20 points)

Cher Alain,

Ça fait longtemps qu'on ne s'est pas vus! Comment ça va? Tu vas bientôt finir tes études, n'est-ce pas? Qu'est-ce que tu penses faire? Moi, si je réussis mon bac, je pense entrer à l'université. Je tiens à être professeur d'art. Mon ami Paul va faire son service militaire et ensuite, il a l'intention de faire un apprentissage dans un hôtel. Et, lui et moi, il se peut qu'on se marie quand il aura un travail permanent. Et si on décide d'avoir des enfants, ce sera pour beaucoup plus tard!

Bises,
Angèle

Quiz 5-1B

_____ 1. Angèle a déjà choisi son métier.

_____ 2. Elle a trouvé un travail.

_____ 3. Elle sait déjà qu'elle a réussit son bac.

_____ 4. Après le lycée, son ami Paul tient à faire une école technique.

_____ 5. Angèle est certaine de se marier avec Paul.

SCORE [ ]

III. Writing

C. Write at least four sentences to tell what will happen to your friend Simone, based on the illustrations. Then write five sentences about what you think will happen to you in the next twenty years. (18 points)

Simone _____

_____

_____

_____

_____

Moi, _____

_____

_____

_____

_____

SCORE [ ]

TOTAL SCORE [/50]

CHAPITRE 5

CHAPITRE

5 C'est notre avenir

■ DEUXIEME ETAPE

Maximum Score: 50/100

Grammar and Vocabulary

A. You aren't at all sure what you are going to do after high school. What are three ways you could answer this question to express your indecision? (9 points)

Tu sais ce que tu veux faire?

1. _____ .

2. _____ .

3. _____ .

SCORE [ ]

B. On the other hand, your French friend Henri wants to be a journalist. What are three different ways he could complete these sentences? (6 points)

1. _____ être journaliste.

2. _____ être journaliste.

3. _____ être journaliste.

SCORE [ ]

CHAPITRE 5

C. You're playing a game with your friends in which you have to guess what profession they are describing and complete their statements. (8 points)

1. Je m'appelle Gérard. Si vous avez un problème avec votre conduite d'eau dans la cuisine ou dans la salle de bains, vous m'appelez parce que je suis _____ .

2. Je m'appelle Jason. Je travaille dans une banque et je suis responsable des comptes. Je suis

   _____ .

3. Je m'appelle Caroline. La chimie, c'est mon fort. Je vends des médicaments. Je suis

   _____ .

4. Je m'appelle Robert. J'adore faire des costumes. Je suis _____ .

5. Je m'appelle Brigitte. Je travaille dans une usine *(factory)* et je fabrique des voitures. Je suis

   _____ .

Quiz 5-2A

6. Je m'appelle Yves. Je travaille dans un hôpital mais je ne suis pas médecin. Je suis

_____ .

7. Je m'appelle Céline. J'adore les avions et je rêve de voyager dans le monde entier. Alors, je

vais être _____ .

8. Je m'appelle Jean-Luc. La littérature, c'est ma passion! Mon rêve, c'est d'écrire un roman. Je

veux être _____ .

SCORE [   ]

D. Francine is sure her life would be much better if only her high school days were over. Complete her journal entry with the conditional forms of the verbs in parentheses. (27 points)

Si j'avais mon bac, je **(1)** _____ *(ne pas habiter)* avec ma

famille. J' **(2)** _____ *(avoir)* un appartement. Mes parents

(3) _____ *(pouvoir)* venir me voir de temps en temps. Je

(4) _____ *(travailler),* mais juste trois ou quatre jours par

semaine. Je **(5)** _____ *(passer)* les autres jours avec mon

ami Raphaël. On **(6)** _____ *(aller)* partout ensemble.

Nos amis **(7)** _____ *(venir)* chez moi le soir et nous

(8) _____ *(s'amuser).* Je **(9)** _____

(ne pas faire) le ménage très souvent!

SCORE [   ]

TOTAL SCORE [/50   ]

CHAPITRE 5

C'est notre avenir

▪ DEUXIEME ETAPE

I. Listening

A. Listen to four students talk about their plans for the future. Decide which of the pictures best illustrates the profession each one is considering. (12 points)

1. _____
2. _____
3. _____
4. _____

a.

b.

c.

d.

e.

f.

SCORE [   ]

II. Reading

B. Read this employment ad you found in a newspaper. Then answer the questions in English. (15 points)

Vous ne savez pas trop ce que vous voulez faire après vos études? Vous avez du mal à décider quel métier choisir? Votre rêve, c'est d'avoir un travail intéressant et indépendant? Vous n'avez qu'à nous téléphoner! Si vous possédez le permis de conduire depuis un an, si vous êtes jeune de caractère, dynamique et indépendant, devenez chauffeur. Après un stage de quatre semaines et un examen officiel, vous pouvez choisir votre horaire. Prenez contact avec ELISE au 02.47.34.12.67 et envoyez-nous une lettre et une photo d'identité.

1. What type of job does this ad offer?

   _____

2. What are the necessary qualifications for someone who's interested in applying for the job?

   _____

   _____

3. If you're hired, what must you do before starting to work?

   _____

   _____

Quiz 5-2B

4. What are the hours?

_____

5. What should you do to apply?

_____

SCORE ☐

III. Writing

C. What would you do if you were a millionaire? Write at least five things you would do. Use the conditional. (15 points)

Si j'étais très riche,_____

_____

_____

_____

_____

_____

_____

_____

SCORE ☐

IV. Culture

D. If a young person in Senegal didn't want to pursue a formal education, what could he or she do instead? (8 points)

_____

_____

_____

_____

_____

SCORE ☐

TOTAL SCORE ☐ /50

5 C'est notre avenir

I. Listening

Maximum Score: 30

A. Listen as Murielle tells what she has done during her life. Then decide whether Murielle **a) did the following things** or **b) not.** (10 points)

_____ 1. passed the **bac**

_____ 2. traveled in Europe

_____ 3. worked as a doctor

_____ 4. got married

_____ 5. had three children

SCORE [   ]

B. Listen to the following job descriptions. For each one, choose the profession that is being described. (10 points)

6. _____   **a.** avocat(e)

7. _____   **b.** secrétaire

8. _____   **c.** mécanicien(ne)

9. _____   **d.** professeur

10. _____   **e.** médecin

SCORE [   ]

C. Listen to the following people talk about their future. Do they **a) have definite plans** or **b) are they not sure?** (10 points)

11. _____

12. _____

13. _____

14. _____

15. _____

SCORE [   ]

Chapter Test

II. Reading

Maximum Score: 30

D. Read what some students have to say about their future. Then choose the advice the guidance counselor gave to each student. (10 points)

_____ 16.

> Mon rêve, c'est de dessiner et de construire des maisons. Je compte faire ça comme métier. Qu'est-ce que vous en pensez?

a.

> Tu sais, tu devrais peut-être devenir mécanicien. Ce serait un bon métier pour toi.

_____ 17.

> J'adore la littérature. Ce qui me plairait, c'est d'aider les autres à l'apprécier aussi. J'adore étudier et écrire. Qu'est-ce que vous me conseillez?

b.

> Tu ferais bien de faire des études d'architecture. Comme ça, tu sauras si c'est une profession qui te plaît.

_____ 18.

> J'adore écrire. Ma passion, c'est le sport. Mais je ne pourrais jamais être athlète. Je pense que je vais travailler avec mon père parce que je ne sais pas quoi faire.

c.

> Tu ferais mieux de trouver un travail que tu aimes. Pourquoi tu ne travailles pas comme journaliste sportif? C'est une bonne idée, non?

_____ 19.

> J'aime bien travailler avec mes mains. Je m'intéresse beaucoup aux machines, surtout aux voitures.

d.

> Puisque tu aimes tellement la littérature, tu devrais devenir professeur.

_____ 20.

> J'adore les chiffres. Les mathématiques et les sciences m'intéressent énormément.

e.

> Tu devrais penser être ingénieur. Tu pourrais travailler indépendamment et c'est un bon métier.

SCORE _____

E. Marianne wants to go to France to take French courses for foreigners. Read the advertisement she finds for one school. Then decide if the statements that follow are **a) true** or **b) false**. (10 points)

APPRENEZ LE FRANÇAIS
A
SAINT-ANTOINE

Un institut privé qui offre tout à ceux qui tiennent à apprendre le français ou à perfectionner leur connaissance de la langue :

- cours de langue à tous les niveaux
- cours intensifs
- cours de perfectionnement
- cours de littérature, de culture et de civilisation
- pratique dynamique de la langue : visites, rencontres
- activités culturelles

Session d'été
Du 10 juin au 19 juillet

Les étudiants doivent s'inscrire à un minimum de 3 cours. Avant de s'incrire, ils doivent également passer un test de classement pour déterminer leur niveau de connaissance.

Hébergement en chambre individuelle ou en famille. Demi-pension.

Pour avoir plus de renseignements, veuillez contacter le bureau du Directeur général au 01.44.98.23.45.

_____ 21. The only language courses offered at this school are those at the advanced level.

_____ 22. The school does not make living arrangements for the students.

_____ 23. There is a minimum number of classes for which students must enroll.

_____ 24. Students select the course level at which they wish to begin their studies.

_____ 25. The school offers both courses in culture and cultural activities.

CHAPITRE 5

SCORE _____

Chapter Test

F. Read the following letter Bruno received from the director of a technical school in France. Then decide whether these statements are **a) true** or **b) false.** (10 points)

_____ **26.** This program would be good for someone who wanted to go into the hotel business or tourism.

_____ **27.** Bruno can't be admitted before he's twenty-one and has his university diploma.

_____ **28.** Students can register for classes at only two times during the year.

_____ **29.** The entire program of four cycles costs approximately 160 euros.

_____ **30.** Bruno must pass the **bac** before being admitted to the program.

Cher Monsieur,

En réponse à votre lettre du 13 janvier, je vous envoie les renseignements que vous m'avez demandés. Notre institut offre deux diplômes : un diplôme de gestion hôtelière et un diplôme de tourisme. Il y a quatre cycles. Les trois premiers cycles se composent de cours intensifs; chaque cycle dure trois mois avec 10 heures de travaux pratiques par semaine. Vous pouvez vous inscrire en janvier, en mai et en octobre. Le quatrième cycle consiste en trois mois de stage. Les frais d'inscription sont de 160 € par cycle. Vous trouverez ci-joint une brochure qui décrit tous les cours offerts par notre institut. Les conditions d'inscription sont les suivantes : vous devez avoir 18 ans et être titulaire du baccalauréat avant de pouvoir commencer les cours. Pour plus de renseignements concernant votre inscription, veuillez téléphoner à Mme Bouchard au 01.44.67.98.21.

Je vous prie d'agréer, Monsieur, l'expression de mes sentiments distingués.

François Pinel

Directeur général

Institut hôtelier et touristique

SCORE _____

Chapter Test

III. Culture

Maximum Score: 10

G. Decide whether the following statements about Senegal are **a) true** or **b) false.** (10 points)

31. _____ In Senegal, it's common for families to pass jobs on from one generation to the next.

32. _____ **La lutte sans frappe** is a trade center for Western Africa.

33. _____ Agriculture plays a vital role in the economy of Senegal.

34. _____ The population of Senegal includes many different ethnic groups.

35. _____ Most high school students in Senegal go on to college.

SCORE [   ]

IV. Writing

Maximum Score: 30

H. Imagine that your family just won the lottery **(la loterie)**. Describe how your family's life would change and how each of you would react or what each of you would do in this situation. Write at least five sentences. Use the conditional. (10 points)

_____

_____

_____

_____

_____

_____

_____

_____

_____

_____

_____

_____

_____

_____

_____

SCORE [   ]

CHAPITRE 5

Chapter Test

I. Write your pen pal a note to ask what he or she will be doing this summer. Tell your pen pal what you intend to do this summer. (10 points)

_____

_____

_____

_____

_____

_____

_____

_____

_____

_____

SCORE ☐

J. What will you do when you finish high school? What will you be doing in ten years? Write a paragraph describing what you think your life will be like. Tell at least five things. Use the future tense in your description. (10 points)

_____

_____

_____

_____

_____

_____

_____

_____

_____

_____

_____

SCORE ☐

TOTAL SCORE ☐ /100

Circle the letter that matches the most appropriate response.

I. Listening
Maximum Score: 30

A. (10 points)

1. a b
2. a b
3. a b
4. a b
5. a b

SCORE ☐

B. (10 points)

6. a b c d e
7. a b c d e
8. a b c d e
9. a b c d e
10. a b c d e

SCORE ☐

C. (10 points)

11. a b
12. a b
13. a b
14. a b
15. a b

SCORE ☐

II. Reading
Maximum Score: 30

D. (10 points)

16. a b c d e
17. a b c d e
18. a b c d e
19. a b c d e
20. a b c d e

SCORE ☐

E. (10 points)

21. a b
22. a b
23. a b
24. a b
25. a b

SCORE ☐

F. (10 points)

26. a b
27. a b
28. a b
29. a b
30. a b

SCORE ☐

III. Culture
Maximum Score: 10

G. (10 points)

31. a b
32. a b
33. a b
34. a b
35. a b

SCORE ☐

CHAPITRE 5

IV. Writing

Maximum Score: 30

H. (10 points)

_____
_____
_____
_____
_____

SCORE [ ]

I. (10 points)

_____
_____
_____
_____
_____
_____

SCORE [ ]

J. (10 points)

_____
_____
_____
_____
_____
_____
_____

SCORE [ ]

TOTAL SCORE [/100]

French 3 Allez, viens!, Chapter 5

CHAPITRE 5

Quiz 5-1B Première étape

I. Listening

1. Mon rêve, c'est d'être chauffeur, mais d'abord je dois passer mon permis de conduire.
2. Moi, je compte entrer à l'université en septembre si je ne réussis pas mon bac.
3. Tu sais, arrêter mes études, ce n'était pas une très bonne idée. Maintenant, je suis au chômage.
4. Tu sais, faire un apprentissage, c'était très bien. J'ai trouvé un travail tout de suite après.

Quiz 5-2B Deuxième étape

I. Listening

1. — Etre médecin, ça doit être fascinant.
   — Oui, mais tu sais, s'occuper des malades, c'est très difficile.
2. — Toi, tu devrais exploiter tes talents. Ton fort, c'est de travailler sur les voitures. Est-ce que ça t'intéresserait de devenir mécanicienne?
   — Oui, j'y pense sérieusement.
3. — Moi, pourtant, je n'ai aucun talent.
   — Mais ce n'est pas vrai. Tu dessines bien et tu aimes la construction. Que penses-tu d'être architecte?
4. — Je suis douée pour les maths et les sciences, mais être mathématicienne ou scientifique, ça ne m'intéresse pas tellement. J'aimerais mieux travailler avec des gens.
   — Alors, pense à l'enseignement. Ça te plairait, d'être professeur.

ANSWERS Quiz 5-1A

A. (24 points: 3 points per item)
1. réussit/passe
2. se mariera
3. irons
4. faites
5. passe/réussit
6. pourra
7. auront
8. serai

B. (18 points: 3 points per item)
1. Je tiens à être professeur.
2. Qu'est-ce que tu vas faire?
3. Qu'est-ce que tu as l'intention de faire?
4. Je pense devenir médecin.
5. Qu'est-ce que tu comptes faire?
6. Il se peut que je me marie.

C. (8 points: 2 points per item)
1. entre à l'université
2. étudierai la médecine
3. finisse mes études en quatre ans
4. trouverai un travail intéressant

ANSWERS Quiz 5-1B

I. Listening
    A. (12 points: 3 points per item)
    1. a
    2. b
    3. a
    4. a

II. Reading
    B. (20 points: 4 points per item)
    1. a
    2. b
    3. b
    4. b
    5. b

III. Writing
    C. (18 points)
    Simone étudiera les maths à l'université. Elle aura son diplôme en trois ans parce qu'elle est super intelligente. Elle se mariera avec un homme sympa et ils auront des enfants adorables.

    Moi, j'étudierai les sciences à l'université. Je serai ingénieur. J'habiterai à Paris. Peut-être que je me marierai. Je ne sais pas si j'aurai des enfants.

ANSWERS Quiz 5-2A

A. (9 points: 3 points per item)
Answers will vary. Possible answers:
1. Pas vraiment.
2. Non, je n'ai aucune idée.
3. Non, je me demande.

B. (6 points: 2 points per item)
Answers may vary. Possible answers:
1. Je voudrais
2. Mon rêve, c'est d'
3. J'aimerais bien

C. (8 points: 1 point per item)
1. plombier
2. comptable
3. pharmacienne
4. tailleur
5. ouvrière
6. infirmier
7. pilote
8. écrivain

D. (27 points: 3 points per item)
1. n'habiterais pas
2. aurais
3. pourraient
4. travaillerais
5. passerais
6. irait
7. viendraient
8. nous amuserions
9. ne ferais pas

ANSWERS Quiz 5-2B

I. Listening
   A. (12 points: 3 points per item)
     1. e
     2. c
     3. d
     4. a

II. Reading
   B. (15 points: 3 points per item)
   Answers will vary. Possible answers:
     1. driver
     2. must have had a driver's license for at least one year, must be dynamic and independent
     3. complete a training program that lasts four weeks and take an exam
     4. You have a choice of hours
     5. Phone Elise and send her a letter and a photo

III. Writing
   C. (15 points)
   Answers will vary.

IV. Culture
   D. (8 points)
   Answers will vary. Possible answer:
   He or she might become an apprentice or learn a family trade. Many young people from Senegal work in agriculture.

Scripts for Chapter Test • Chapitre 5

I. Listening

A. Pour moi, la préparation du bac a été assez difficile, mais à dix-neuf ans, je l'ai réussi. Après le bac, je suis partie en voyage avec des amis pendant deux mois. On a visité tous les pays d'Europe! Après ça, quand je suis rentrée, tout a changé. J'ai quitté ma famille pour aller à l'université et j'ai pris un appartement près de l'université. J'avais l'intention de faire des études de médecine, mais j'ai décidé que ce n'était pas pour moi. J'ai préféré l'histoire. A l'université, j'ai rencontré Pierre. Il était très sympa et il étudiait l'histoire comme moi. Après quelques années, j'ai obtenu mon diplôme d'histoire. J'ai trouvé un travail dans un lycée près de l'endroit où habitait ma famille. Un an après avoir terminé mes études, Pierre et moi, on s'est mariés! Et voilà. Nous n'avons pas d'enfants, mais nous sommes très heureux. Ça fait quinze ans que nous sommes mariés.

B. 6. — Elle travaille dans un bureau où elle répond au téléphone et écrit des lettres pour son patron.
   7. — Il enseigne dans un lycée privé.
   8. — Elle travaille à l'hôpital où elle s'occupe de malades.
   9. — Il répare les voitures quand elles tombent en panne.
   10. — Elle travaille au tribunal et elle connaît bien la loi.

C. 11. — Qu'est-ce que tu penses faire?
      — Je n'arrive pas à prendre une décision. Tu as une idée, toi?
      — Non, moi non plus, je ne sais pas ce que je veux faire.
   12. — Qu'est-ce que tu comptes faire?
      — J'ai du mal à me décider.
   13. — Qu'est-ce que tu as l'intention de faire?
      — Je compte faire une école technique. Je veux être mécanicien.
   14. — Tu as des idées pour plus tard?
      — Je veux bien faire des études de médecine.
   15. — Tu sais ce que tu veux faire?
      — Je ne sais pas trop. Je vais soit aller à l'université soit trouver un travail.

Answers to Chapter Test • Chapitre 5

I. Listening   Maximum Score: 30 points

A. (10 points: 2 points per item)
1. a
2. a
3. b
4. a
5. b

B. (10 points: 2 points per item)
6. b
7. d
8. e
9. c
10. a

C. (10 points: 2 points per item)
11. b
12. b
13. a
14. a
15. b

II. Reading   Maximum Score: 30 points

D. (10 points: 2 points per item)
16. b
17. d
18. c
19. a
20. e

E. (10 points: 2 points per item)
21. b
22. b
23. a
24. b
25. a

F. (10 points: 2 points per item)
26. a
27. b
28. b
29. b
30. a

III. Culture   Maximum Score: 10 points

G. (10 points: 2 points per item)
31. a
32. b
33. a
34. a
35. b

IV. Writing   Maximum Score: 30 points

H. (10 points)
Answers will vary. Possible answer:
Nous serions tous très heureux, mais notre vie ne changerait pas beaucoup. Mes parents continueraient à travailler et je finirais mes études. Mon frère achèterait une nouvelle voiture. Mes deux sœurs feraient très souvent les magasins. Moi, je voyagerais beaucoup.

I. (10 points)
Answers will vary. Possible answer:
Salut, Yvonne!
Qu'est-ce que tu comptes faire cet été? Est-ce que tu vas travailler? Moi, je vais faire beaucoup de choses. En juin, il se peut que je travaille. En juillet, j'ai l'intention de partir en vacances. Ecris-moi vite!

J. (10 points)
Answers will vary. Possible answer:
Dans deux ans, j'irai à l'université. Je veux être ingénieur. J'habiterai dans un appartement avec des amis. Peut-être que je travaillerai pendant l'été pour gagner un peu d'argent. Après mes études, je trouverai un travail dans une grande ville et je serai riche. Dans dix ans, je me marierai et plus tard, j'aurai peut-être des enfants.

6 Ma famille, mes copains et moi

■ PREMIERE ETAPE

Grammar and Vocabulary

A. Marc has offended everyone today. Complete his apologies, as indicated. (10 points)

1. Je suis désolé d' _____ en retard.
   (to have arrived)

2. Je suis désolé d' _____ ça.
   (to have said)

3. Je suis désolé d' _____ notre rendez-vous.
   (to have forgotten)

4. Je suis désolé d' _____ si tard.
   (to have called)

5. Je suis désolé d' _____ avec ta copine.
   (to have gone out)

SCORE _____

B. Albert and Martine's love story starts out like that of many others. Complete the following account of what happens to them by filling in the blanks with the appropriate present tense or infinitive form of the verbs in parentheses. (18 points)

Albert attend impatiemment l'arrivée de son bus quand il remarque une jolie jeune femme

assise au même arrêt d'autobus. La femme aussi remarque Albert. Les deux jeunes gens

(1) _____ *(se regarder)* et c'est le coup de foudre! Ils

(2) _____ *(se parler)* et, dès ce jour-là, ils passent presque tout leur

temps ensemble. Il est bientôt évident qu'ils **(3)** _____ *(s'aimer)*.

Un soir, Martine rentre à la maison avec une grande nouvelle...

— Papa, Albert et moi, nous avons pris une décision. Comme nous

   (4) _____ *(s'aimer)* beaucoup, nous allons

   (5) _____ *(se marier)* cette année.

CHAPITRE 6

— Martine, tu sais que j'aime bien Albert. Mais, vous êtes très jeunes et il faut

beaucoup réfléchir avant de prendre une telle décision. Est-ce que vous

(6) _____ (s'aimer) sincèrement? Le mariage, ce

n'est pas toujours facile.

SCORE [   ]

C. You're very late for a date! Write three different expressions you could use to apologize for being late. Also, write three things your date might say to accept your apologies. (12 points)

1. — _____ être en retard.

— _____ .

2. — _____ être en retard.

— _____ .

3. — _____ être en retard.

— _____ .

SCORE [   ]

D. Two friends are making plans to get together. Complete their conversation according to the cues provided. (10 points)

— Ecoute, quand est-ce qu'on se revoit? Ça fait trop longtemps qu'on ne s'est pas vus!

— Tu as raison. Dis, (1) _____ d'aller voir le
   (does it interest you)

nouveau film d'Isabelle Adjani? On pourrait aller le voir demain après-midi.

— J'aimerais bien, mais demain, (2) _____ .
   (I'm busy)

(3) _____ en ville.
   (I have an appointment)

— Alors, pourquoi pas aller voir le film demain soir?

— D'accord. (4) _____? Où et quand est-ce
   (How should we work this out)

qu'on (5) _____?
   (are meeting)

SCORE [   ]

TOTAL SCORE [   ] /50

CHAPITRE 6

Ma famille, mes copains et moi

PREMIERE ETAPE

Maximum Score: 50/100

I. Listening

A. Listen to the following conversations and indicate whether each person a) **accepts** or b) **refuses** the suggestions made to him or her. (15 points)

1. _____ 2. _____ 3. _____ 4. _____ 5. _____   SCORE [   ]

II. Reading

B. Ahmed and his friend Karim are deciding what to do this evening. Read their conversation and then answer, in English, the questions that follow. (20 points)

AHMED   Dis, Karim, ça t'intéresse d'aller écouter de la musique classique ce soir?
KARIM   Non, je n'ai pas envie. C'est barbant. On pourrait plutôt se promener dans la médina. Ce serait amusant!
AHMED   Ça ne me dit rien. Il y a trop de monde. Tu ne voudrais pas aller au cinéma?
KARIM   Ce serait sympa. Qu'est-ce qu'on va voir? Un film d'aventures?
AHMED   Euh... Je n'aime pas beaucoup les films d'aventures. Une comédie, peut-être?
KARIM   Bon, pourquoi pas? On peut aussi téléphoner à Magali et à Christian.
AHMED   Ah, non... chaque fois qu'on sort ensemble, eux, ils se disputent. J'en ai marre!
KARIM   Bon, d'accord, comme tu veux. A quelle heure est-ce qu'on se donne rendez-vous?
AHMED   Il y a un film, *Le Pari,* qui commence à huit heures au Beaumont. Il nous faut un quart d'heure pour y aller de chez moi.
KARIM   Où est-ce qu'on se retrouve?
AHMED   Chez moi, à huit heures moins le quart.
KARIM   D'accord. Et après, tu veux venir chez moi?
AHMED   Ça me plairait beaucoup, mais je n'aurai pas le temps. Il faut que je rentre avant dix heures et demie.
KARIM   Bon, à ce soir, alors.
AHMED   A ce soir.

1. What does Ahmed first suggest they do? What does Karim prefer to do at first?

_____

_____

2. What do Karim and Ahmed finally decide to do?

_____

_____

3. Why doesn't Ahmed want to invite Magali and Christian?

_____

_____

4. When and where are Karim and Ahmed going to meet?

_____

_____

5. What does Karim suggest they do after the movie? How does Ahmed respond?

_____

_____

SCORE [   ]

III. Writing

C. Everything went wrong for Céline today! For each of the situations pictured, write a conversation between Céline and her friend. Céline says she is sorry for what she has done and the friend accepts her apology. (15 points)

1.
  — _____

  — _____

2.
  — _____

  — _____

3.
  — _____

  — _____

SCORE [   ]

TOTAL SCORE [   ] /50

CHAPITRE 6
Ma famille, mes copains et moi

Quiz 6-2A

■ DEUXIEME ETAPE

Maximum Score: 50/100

Grammar and Vocabulary

A. Fahmi is talking about his family. Complete what he says using the cues provided. (24 points)

Au Maroc, il est normal que tous les membres de la famille habitent ensemble : du plus jeune

au plus âgé. Naturellement, les jeunes gens qui sont **(1)** _____ habitent
(single)

chez leurs parents. Mais en plus, quand un **(2)** _____ se marie,
(son)

sa **(3)** _____ et lui viennent habiter chez ses parents. Evidemment,
(wife)

quand une **(4)** _____ se marie, elle doit aller vivre avec la famille de
(daughter)

son **(5)** _____ . Alors, il y a souvent plusieurs générations qui
(husband)

habitent ensemble. Nous, par exemple, on habite chez mon **(6)** _____ .
(great grandfather)

Mon **(7)** _____ est **(8)** _____ , et il est donc
(great grandmother)   *(dead)*

(9) _____ . Alors, chez nous, il y a l'arrière-grand-parent, les grands-
(widower)

parents, les parents, les enfants et les petits-enfants. Nous, les petits-enfants, ne sommes que deux,

mon frère **(10)** _____ et moi. Mon frère est marié et il a deux enfants.
(older)

J'adore mon **(11)** _____ et ma **(12)** _____ .
(nephew)   *(niece)*

SCORE [   ]

B. You are a guest in someone's home. What might your host say in these situations? How would you respond? (16 points)

1. Your host greets you and invites you in.

   — _____

   — _____

CHAPITRE 6

Nom_____ Classe_____ Date_____

2. He offers you something to eat or drink.

— _____

— _____

3. He asks if you would like some mint tea.

— _____

— _____

4. He thanks you for the gift you brought him.

— _____

— _____

SCORE [   ]

C. Sylvain and his sister Anne are always arguing. Finish what Sylvain says by selecting the appropriate option. (10 points)

1. ANNE   Maman, Maman, Sylvain m'a traitée d'imbécile!

SYLVAIN _____

a. Tricheuse!   **b.** Tant pis!   **c.** Rapporteuse!

2. MAMAN   Anne m'a dit que tu l'as frappée sur la tête. Il ne faut pas faire ça.

SYLVAIN _____

a. Tant pis.   **b.** C'est elle qui a commencé.   **c.** Tricheuse!

3. ANNE   Regarde ce que j'ai trouvé dans ta chambre! C'est une lettre de ta petite amie.

SYLVAIN _____

a. Tant pis pour toi.   **b.** Ne fouille pas dans   **c.** C'est toujours moi
                                mes affaires!   qui prends.

4. MAMAN   Sylvain, tu es plus âgé que ta petite sœur et il faut que tu sois plus gentil avec elle. Tu ne dois pas te disputer tout le temps avec elle.

SYLVAIN _____

a. Tant pis.   **b.** C'est toujours moi qui prends.   **c.** Pleurnicheuse!

5. ANNE   Papa, Sylvain a renversé la cafetière!

SYLVAIN   Toi, tu racontes tout!

MAMAN   Ça suffit, les enfants.

SYLVAIN _____

a. Tricheuse!   **b.** Oh, ça va, hein?   **c.** C'est elle qui a commencé.

SCORE [   ]

TOTAL SCORE [/50   ]

French 3 Allez, viens!, Chapter 6

CHAPITRE 6

Ma famille, mes copains et moi

■ DEUXIEME ETAPE

I. Listening

A. Moktar is always arguing with his sister Amina. Listen to their conversations and indicate whether Moktar is accusing Amina of **a) getting into his things**, **b) being a tattletale**, or **c) cheating.** (15 points)

1. _____ 2. _____ 3. _____ 4. _____ 5. _____   SCORE [   ]

II. Reading

B. Samir, your Moroccan pen pal, sent you this letter about his family. Read the letter and decide whether these statements are **a) true** or **b) false.** (15 points)

> *Salut! Ça va? Tu sais, moi, j'ai une très grande famille. J'ai deux sœurs et un frère. Mon frère Hassan est le benjamin. Ma sœur Karima est l'aînée. Elle fait des études de médecine et elle est célibataire. Mariyam aussi est plus âgée que moi. Elle s'est mariée il y a deux ans. Son mari Khalid est chauffeur de taxi.*
>
> *La sœur de ma mère, Leïla, habite près de chez nous. Ma mère n'a pas de frères. Ma tante et son mari Saïd ont une fille, Latifa, et un fils, Ali. Donc, je n'ai que deux cousins. Chaque année, toute la famille se réunit chez mon arrière-grand-mère. Elle est veuve, mais mes grands-parents (les parents de ma mère) habitent avec elle. Les parents de mon père habitent trop loin pour y aller, mais pendant les vacances, ma famille et moi, nous leur rendons visite. Voilà. Et ta famille à toi, elle est comment?*
> *Samir*

_____ 1. Samir is the youngest child in his family.

_____ 2. Karima is single.

_____ 3. Mariyam is the oldest child in Samir's family.

_____ 4. Samir's great-grandmother is divorced.

_____ 5. Samir doesn't have any cousins.

SCORE [   ]

III. Writing

C. You are a guest in someone's home. How would you respond to your host in the following situations? (4 points)

1. — Entrez, je vous en prie. Qu'est-ce que je peux vous offrir?

— _____

_____

2. — Merci beaucoup pour les fleurs que vous m'avez apportées.

— _____

_____

SCORE ☐

D. Olivier and his little sister Yasmine are arguing again! Fill in the blanks below each picture with what you think they're saying. (12 points)

1.    2.    3.

1. — _____

_____

_____

— _____

_____

_____

2. — _____

_____

_____

— _____

_____

_____

3. — _____

_____

_____

— _____

_____

_____

SCORE ☐

IV. Culture

E. What do you know about Morocco? Answer these questions in English. (4 points)

1. What is the national beverage of Morocco?

_____

2. What is a **souk?** Name two things commonly sold there.

_____

SCORE ☐

TOTAL SCORE ☐ /50

CHAPITRE

6 Ma famille, mes copains et moi

I. Listening

Maximum Score: 32

A. Listen as Fatima and Mariyam make plans for the weekend. Then decide whether the statements that follow are **a) true** or **b) false.** (10 points)

_____ 1. Mariyam doesn't want to go to a movie.

_____ 2. Fatima suggests that they go to a concert.

_____ 3. Fatima is busy on Saturday.

_____ 4. Fatima and Mariyam finally decide to go to a **souk.**

_____ 5. They're going to meet each other at a restaurant on Saturday morning.

SCORE [   ]

B. Listen to these statements about Malika's family. Decide whether each one is **a) true** or **b) false**, according to her family tree. (12 points)

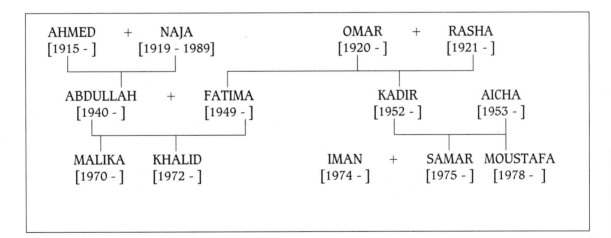

6. _____

7. _____

8. _____

9. _____

10. _____

11. _____

SCORE [   ]

CHAPITRE 6

Chapter Test

C. Listen to the following conversation. Then choose the correct completion for each of these statements. (10 points)

_____ 12. Jean-François apologizes because . . .
　　a. he was early.　　　　　　**c.** he forgot an appointment.
　　b. he spilled his tea.　　　　**d.** he was late.

_____ 13. Hassan and Jean-François decide to go later on to . . .
　　a. a **souk.**　　　　　　　　**c.** a movie.
　　b. a concert.　　　　　　　　**d.** the museum.

_____ 14. Hassan's great-grandfather is . . .
　　a. remarried.　　　　　　　**c.** sick.
　　b. widowed.　　　　　　　　**d.** divorced.

_____ 15. Hassan's brother is . . .
　　a. single.　　　　　　　　　**c.** divorced.
　　b. widowed.　　　　　　　　**d.** married.

_____ 16. Hassan thinks his sister is . . .
　　a. a cheater.　　　　　　　**c.** very smart.
　　b. very stupid.　　　　　　**d.** a tattletale.

SCORE [　　]

II. Reading

Maximum Score: 28

D. Read the following remarks. Decide which remark would be appropriate in each situation pictured below. (8 points)

　　a. Bonjour! Ça me fait plaisir de vous voir!
　　b. Faites comme chez vous. Asseyez-vous.
　　c. Vous avez fait un long voyage. Qu'est-ce que je peux vous offrir?
　　d. Mettez-vous à l'aise. Donnez-moi votre manteau.

17. _____　　　18. _____　　　19. _____　　　20. _____

SCORE [　　]

CHAPITRE 6

E. Read these letters about family relationships that were sent to a teen magazine. Then read the statements that follow and decide which person each statement refers to. (12 points)

Frères et sœurs...
quelques lettres reçues à ce sujet.

Ma petite sœur m'embête tout le temps. C'est une vraie pleur-nicheuse. Parce qu'elle est la benjamine, elle pense qu'elle peut faire tout ce qu'elle veut! Quand on se dispute, Maman prend toujours sa défense. C'est toujours moi qui prends!

Hugo

Mon frère ne veut pas que j'entre dans sa chambre, mais il veut avoir le droit de venir dans ma chambre. Je n'aime pas quand il vient dans ma chambre, alors il fait exprès d'y venir tout le temps. Parce qu'il est plus âgé que moi, il croit qu'il a le droit de me commander. C'est pas juste.

Sébastien

Mon frère n'aime pas du tout mon petit ami Gérard. Ils étaient amis avant, mais maintenant, ils ne se parlent plus. Gérard est très gentil avec moi et j'aime mon frère! Mais, c'est mon frère qui a tort cette fois-ci. Hier soir, il m'a dit qu'il ne voulait pas que je sorte avec Gérard. Je lui ai dit que ce n'était pas son affaire et qu'il ferait mieux de se mêler de ses oignons! Je ne sais pas quoi faire.

Marie-France

J'ai de la chance parce que j'aime vraiment bien ma sœur. C'est ma meilleure amie. Bien sûr, on se dispute de temps en temps, mais ce n'est jamais grave. Le seul problème, c'est qu'on ne peut pas jouer aux cartes ensemble parce que c'est une tricheuse. Elle veut toujours gagner. A part ça, elle est super.

Françoise

   a. Hugo   **b.** Sébastien   **c.** Marie-France   **d.** Françoise

This teenager . . .

_____ 21. has a brother who thinks he's the boss because he's older.

_____ 22. has a brother who won't mind his own business.

_____ 23. has a sister who cheats when they play cards together.

_____ 24. is always the one who gets blamed.

_____ 25. gets along well with her sister.

_____ 26. has a sister who is a crybaby.

SCORE [ ]

Chapter Test

F. Moktar is visiting an old family friend in Marrakech. Read their conversation and decide which expression most logically fits each blank. (8 points)

— Bonjour, Moktar. Ça fait longtemps qu'on ne s'est pas vus!

— Oui, ça fait des années. Comme ça me fait plaisir de vous revoir!

— Allez, entre et **(27)** _____. Je te sers quelque chose?

— Je prendrais bien du thé.

— Voici ton thé. Et qu'est-ce que **(28)** _____? Des biscuits peut-être?

— Non, merci.

— Et tes parents, ils vont bien?

— Très bien. Ils m'ont demandé de vous dire bonjour de leur part et surtout de vous remercier des cadeaux que vous leur avez envoyés au moment de la naissance de leur petite-fille.

— Mais **(29)** _____. Je suis content que les quelques petites choses que j'ai envoyées leur aient plu. Ecoute, tu as des projets pour cet après-midi? On pourrait faire un petit tour, si ça t'intéresse.

— J'aimerais bien, mais je ne sais pas si j'aurai le temps. J'ai des courses à faire pour Maman.

— On peut quand même se retrouver ce soir pour dîner ensemble.

— Ça me plairait beaucoup. A quelle heure est-ce **(30)** _____?

— Si on se retrouvait chez moi, disons vers sept heures?

— C'est parfait.

27. _____
28. _____
29. _____
30. _____

a. c'est tout à fait normal
b. qu'on se donne rendez-vous
c. je peux t'offrir d'autre
d. mets-toi à l'aise
e. ça me fait plaisir de

SCORE [ ]

III. Culture

Maximum Score: 10

G. a. Decide whether the following statements about Morocco are **a) true** or **b) false**. (6 points)

_____ 31. In Morocco, merchants fix their prices and never lower them.

_____ 32. The major religion in Morocco is Islam.

_____ 33. The official language of Morocco is French.

SCORE [ ]

b. How important is hospitality in the Arab society of North Africa? In what ways is hospitality shown? Write your answer in English. (4 points)

_____

_____

_____

_____

_____

SCORE [   ]

IV. Writing

Maximum Score: 30

H. Write a love story in French about Catherine and Nathan, using the words below. Add whatever details you feel are appropriate. You must write at least five sentences. (10 points)

se voir   se téléphoner   se donner rendez-vous   se disputer   ??   se réconcilier

se parler   oublier   se comprendre   se quitter   s'aimer

_____

_____

_____

_____

_____

_____

_____

_____

_____

_____

_____

SCORE [   ]

CHAPITRE 6

Chapter Test

I. You had plans to meet a friend after school, but you forgot all about it! Write a conversation in which you first apologize to your friend, and he or she accepts your apology. You then suggest doing something else, and the two of you make plans on where and when to meet. You must write at least five sentences. (10 points)

_____

_____

_____

_____

_____

_____

_____

SCORE [   ]

J. You have a new pen pal in Morocco who wants to know about your family. Write your pen pal a letter telling all about your family, or an imaginary family if you prefer. Tell how many family members you have and how you get along with your brothers or sisters. Write at least five sentences. (10 points)

_____

_____

_____

_____

_____

_____

_____

_____

SCORE [   ]

TOTAL SCORE [   ] /100

CHAPITRE 6

French 3 Allez, viens!, Chapter 6

Nom _____ Classe _____ Date _____

CHAPITRE 6 Chapter Test Score Sheet

Circle the letter that matches the most appropriate response.

I. Listening
Maximum Score: 32

A. (10 points)

1. a b
2. a b
3. a b
4. a b
5. a b

SCORE ☐

B. (12 points)

6. a b
7. a b
8. a b
9. a b
10. a b
11. a b

SCORE ☐

C. (10 points)

12. a b c d
13. a b c d
14. a b c d
15. a b c d
16. a b c d

SCORE ☐

II. Reading
Maximum Score: 28

D. (8 points)

17. a b c d
18. a b c d
19. a b c d
20. a b c d

SCORE ☐

E. (12 points)

21. a b c d
22. a b c d
23. a b c d
24. a b c d
25. a b c d
26. a b c d

SCORE ☐

F. (8 points)

27. a b c d e
28. a b c d e
29. a b c d e
30. a b c d e

SCORE ☐

III. Culture
Maximum Score: 10

G. a. (6 points)

31. a b
32. a b
33. a b

SCORE ☐

b. (4 points)

_____
_____
_____
_____

SCORE ☐

CHAPITRE 6

IV. Writing

H. (10 points)

_____
_____
_____
_____
_____
_____
_____

SCORE _____

I. (10 points)

_____
_____
_____
_____
_____
_____
_____

SCORE _____

J. (10 points)

_____
_____
_____
_____
_____
_____

SCORE _____

TOTAL SCORE _____ /100

Quiz 6-IB Première étape

I. Listening

1. — Dis, Fahmi, tu es libre cet après-midi? Tu veux aller jouer au foot?
   — Ça serait sympa, mais je n'ai pas le temps. J'ai rendez-vous chez le dentiste à trois heures.
2. — Ça t'intéresse d'aller faire une promenade sur la place du vieux Méchouar?
   — Ah, oui! Quand ça?
   — Mais tout de suite!
3. — Si ça te dit, on peut aller à un concert demain soir.
   — J'aimerais bien. Où et quand est-ce qu'on se retrouve?
4. — Comment est-ce qu'on fait pour aller au restaurant ce soir?
   — Ecoute, après tout, c'est impossible ce soir. Je dois m'occuper de ma petite sœur.
5. — Aimerais-tu aller voir le Dar el Makhzen? C'est vraiment magnifique!
   — Ça me plairait beaucoup.

Quiz 6-2B Deuxième étape

I. Listening

1. MOKTAR Eh bien, qu'est-ce que tu fais ici, toi? Tu sais que tu n'as pas le droit d'entrer ici! Et ne fouille surtout pas dans mes affaires!
   AMINA   Tu m'énerves, à la fin! J'ai quand même le droit de chercher un stylo, non?
   MOKTAR Oui, mais pas ici!

2. AMINA   Il est où, mon nouveau CD? C'est toi qui l'as pris?
   MOKTAR Bien sûr que je l'ai pris. J'en ai marre de cette musique affreuse!
   AMINA   Donne-le-moi tout de suite ou je vais tout dire à Maman!
   MOKTAR Quelle rapporteuse!

3. MOKTAR Comment ça se fait que tu gagnes toujours, toi? Tu dois tricher.
   AMINA   Ne me traite pas de tricheuse!

4. MOKTAR La télé fait trop de bruit! J'essaie de me concentrer.
   AMINA   Je suis quand même chez moi, non?
   MOKTAR Voilà, ça suffit. J'éteins la télé.
   AMINA   Arrête tout de suite! Sinon, je vais le dire à Papa.
   MOKTAR Tu es vraiment casse-pieds, toi! Fais ce que tu veux, petite rapporteuse!

5. AMINA   Mais qu'est-ce qu'il y a? Pourquoi est-ce que tu ne me parles pas?
   MOKTAR Je ne vais plus te parler. Tu es trop rapporteuse. Tout ce que je te dis, tu le racontes à Papa. Alors, c'est décidé! Je ne te dis plus rien!

Answers to Quizzes 6-1A and 6-1B • Chapitre 6

ANSWERS Quiz 6-1A

A. (10 points: 2 points per item)
1. être arrivé
2. avoir dit
3. avoir oublié
4. avoir téléphoné
5. être sorti

B. (18 points: 3 points per item)
1. se regardent
2. se parlent
3. s'aiment
4. nous aimons
5. nous marier
6. vous aimez

C. (12 points: 4 points per item)
Answers may vary. Possible answers:
1. — Je m'excuse d'
   — Ce n'est pas grave.
2. — Pardonne-moi d'
   — Ne t'inquiète pas.
3. — Je suis vraiment désolé(e) d'
   — Ça ne fait rien.

D. (10 points: 2 points per item)
1. ça t'intéresse
2. je suis pris(e)
3. J'ai un rendez-vous
4. Comment est-ce qu'on fait?
5. se retrouve / se donne rendez-vous

ANSWERS Quiz 6-1B

I. Listening
A. (15 points: 3 points per item)
1. b
2. a
3. a
4. b
5. a

II. Reading
B. (20 points: 4 points per item)
1. Ahmed first suggests they listen to classical music. Karim prefers to take a walk in the **médina.**
2. They decide to see a movie.
3. because they always argue
4. at Ahmed's house, at 7:45
5. Karim suggests they go to his house. Ahmed can't go because he must be home before 10:30.

III. Writing
C. (15 points: 5 points per item)
Answers may vary. Possible answers:
1. — Excuse-moi d'être en retard. Tu vois, je n'ai pas entendu mon réveil et j'ai raté le bus. Tu ne m'en veux pas?
   — Ça arrive à tout le monde.

2. — Je suis désolée d'avoir perdu ton livre. Il était dans mon sac à dos mais maintenant, je ne sais pas où il est. Je vais t'en acheter un autre.
   — Ne t'en fais pas.

3. — Je m'en veux de m'être fâchée. C'est de ma faute! J'ai passé une très mauvaise journée.
   — Ce n'est pas grave.

ANSWERS Quiz 6-2A

A. (24 points: 2 points per item)
1. célibataires
2. fils
3. femme
4. fille
5. mari
6. arrière-grand-père
7. arrière-grand-mère
8. morte
9. veuf
10. aîné
11. neveu
12. nièce

B. (16 points: 4 points per item)
Answers will vary. Possible answers:
1. — Bonjour, entrez. Asseyez-vous.
   — Vous êtes bien aimable.
2. — Je vous sers quelque chose?
   — Je prendrais bien du thé.
3. — Vous désirez du thé à la menthe?
   — Oui, merci.
4. — Merci bien. C'est vraiment gentil de votre part.
   — Je vous en prie.

C. (10 points: 2 points per item)
1. c
2. b
3. b
4. b
5. c

ANSWERS Quiz 6-2B

I. Listening
A. (15 points: 3 points per item)
1. a
2. b
3. c
4. b
5. b

II. Reading
B. (15 points: 3 points per item)
1. b
2. a
3. b
4. b
5. b

III. Writing
C. (4 points: 2 points per item)
Answers will vary. Possible answers:
1. Vous êtes bien aimable. Je prendrais bien un verre d'eau, s'il vous plaît.
2. Il n'y a pas de quoi.

D. (12 points: 4 points per item)
Answers will vary. Possible answers:
1. — Tu es vraiment casse-pieds! C'est mon livre!
   — Pleurnicheuse!
2. — Donne-moi ce livre ou je vais le dire à Maman!
   — Rapporteuse!
3. — Maman, il a pris mon livre. C'est toujours la même chose!
   — Mais, Maman, c'est toujours moi qui prends!

IV. Culture
E. (4 points)
Answers may vary. Possible answers:
1. mint tea
2. a market; (any two): rugs, pottery, leather, copper goods

I. Listening

A.

FATIMA Dis, Mariyam, ça t'intéresse d'aller au cinéma ce week-end?

MARIYAM Bof, pas vraiment. On peut faire autre chose plutôt?

FATIMA Ça t'intéresse d'aller à un concert de musique traditionnelle?

MARIYAM Quand ça?

FATIMA Ce soir, vers huit heures et demie.

MARIYAM Ah, non, j'ai déjà rendez-vous avec mes parents ce soir. On va au restaurant ensemble. Je suis libre samedi, si tu veux.

FATIMA Moi aussi! Bon, alors, tu ne voudrais pas aller au souk? On peut aller manger une glace après. Ça te dit?

MARIYAM Ce serait sympa. A quelle heure est-ce qu'on se donne rendez-vous?

FATIMA On se retrouve chez moi vers trois heures?

MARIYAM Bon, alors, à samedi.

B.
6. Ahmed est l'arrière-grand-père de Moustafa.
7. Malika est la nièce de Kadir et d'Aïcha.
8. Abdullah est le neveu de Samar.
9. Ahmed est veuf.
10. Omar est célibataire.
11. Malika est la petite-fille de Kadir.

C.

HASSAN Salut, Jean-François. Entre, je t'en prie.

JEAN-FRANÇOIS Merci bien. C'est vraiment très gentil de m'avoir invité à dîner chez toi. Je m'excuse d'être en retard. J'ai raté le bus.

HASSAN Ce n'est rien du tout. Ça arrive à tout le monde. Dis, Jean-François, ça te plairait d'aller au souk après le dîner?

JEAN-FRANÇOIS Oui, ce serait sympa. Je voudrais acheter des cadeaux pour ma famille.

HASSAN Plus tard, je vais te présenter mon arrière-grand-père. Il a quatre-vingt-quinze ans, mais il est toujours très actif. Il est veuf. Il est allé au marché avec mon frère Hadjem. Hadjem est célibataire et il aime sortir tout le temps! Voici ma sœur, Samar. C'est la benjamine de la famille et elle est vraiment gâtée.

SAMAR Ne l'écoute pas, il ne raconte que des bêtises!

HASSAN Elle est vraiment casse-pieds!

SAMAR Maman, Hassan m'a traitée de casse-pieds!

HASSAN Et de rapporteuse aussi!

JEAN-FRANÇOIS Je comprends. Ma sœur est pareille.

Answers to Chapter Test • Chapitre 6

I. Listening   Maximum Score: 32 points

A. (10 points: 2 points per item)   **B.** (12 points: 2 points per item)   **C.** (10 points: 2 points per item)

1. a	6. b	12. d
2. a	7. a	13. a
3. b	8. b	14. b
4. a	9. a	15. a
5. b	10. b	16. d
	11. b	

II. Reading   Maximum Score: 28 points

D. (8 points: 2 points per item)   **E.** (12 points: 2 points per item)   **F.** (8 points: 2 points per item)

17. d	21. b	27. d
18. b	22. c	28. c
19. a	23. d	29. a
20. c	24. a	30. b
	25. d	
	26. a	

III. Culture   Maximum Score: 10 points

G. a. (6 points: 2 points per item)

31. b
32. a
33. b

b. (4 points)

Answers will vary. Possible answer:
Hospitality is very important to the Arab society of North Africa. It's an honor to receive guests, and even a poor family will go out of its way to prepare a special meal for guests. Guests are usually served mint tea.

IV. Writing   Maximum Score: 30 points

H. (10 points)
Answers will vary.
Possible answer:
Catherine et Nathan se sont rencontrés pour la première fois au café. Ils se sont parlé. Ils se sont téléphoné et puis, ils se sont donné rendez-vous samedi. Samedi soir, Nathan est arrivé en retard au rendez-vous. Ils se sont disputés et finalement, ils se sont quittés. Dimanche, ils se sont réconciliés.

I. (10 points)
Answers will vary.
Possible answer:
— Je suis vraiment désolé(e) d'avoir oublié notre rendez-vous au centre commercial hier. J'ai perdu mon sac à dos au lycée et alors j'étais vraiment déprimé(e)! Mais heureusement, je l'ai trouvé à la cantine.
— Oh, ça ne fait rien. On peut y aller un autre jour.
— Ecoute, ça te dit d'aller au musée cet après-midi?
— Ce serait sympa! Comment est-ce qu'on fait?
— On peut se retrouver devant le métro à une heure.
— Bon, d'accord.

J. (10 points)
Answers will vary.
Possible answer:
Salut Malika,
   Tu me demandes comment est ma famille? Eh bien, elle est grande! Il y a bien sûr mes parents, et j'ai aussi trois sœurs, un frère et un chat. Moi, je suis la cadette. Mes sœurs me traitent souvent comme si j'étais encore un bébé, mais c'est la vie! Mon frère, c'est l'aîné. Il est marié et il a un enfant. Mon neveu s'appelle Nicolas. Et elle est comment, ta famille?

CHAPITRE 6

I. Listening

Maximum Score: 27

A. Listen to these conversations between friends who are on their way to some places. In each case, decide whether the second speaker is expressing **a) impatience** or **b) reassurance**. (6 points)

1. _____ 2. _____ 3. _____ 4. _____ 5. _____ 6. _____

SCORE [   ]

B. Sébastien is celebrating his 40th birthday. As he reminisces about his life, put the events pictured below in the order in which he mentions them. (5 points)

a.

c.

e.

b.

d.

7. _____ 8. _____ 9. _____ 10. _____ 11. _____

SCORE [   ]

C. Listen as Sandrine and her cousin Philippe make plans for the weekend. Then choose the correct completion for each of the statements below. (5 points)

_____ 12. Philippe and Sandrine want to . . . this weekend.
a. see a movie **b.** go to a concert **c.** go to a restaurant

_____ 13. Philippe can't go Friday night because he . . .
a. has chores to complete. **b.** has to baby-sit. **c.** already has other plans.

_____ 14. Sandrine can't go on Saturday because she . . .
a. is leaving town with her family. **b.** has chores to do. **c.** already made other plans.

_____ 15. Sandrine and Philippe are meeting at . . .
a. Sandrine's house at 2:00. **b.** Philippe's house at noon. **c.** the café at 2:30.

_____ 16. Sandrine and Philippe decide to go to . . .
a. a café, then to a concert. **b.** a movie, then to a café. **c.** a concert, then to a movie.

SCORE [   ]

D. Nicole is reproaching the members of her family for their bad habits. Match each family member with Nicole's reproach. (5 points)

_____ **17.** Maman   **a.** Don't litter!

_____ **18.** Guillaume   **b.** Recycle your plastic bottles!

_____ **19.** Papa   **c.** Drive carefully!

_____ **20.** Valérie   **d.** Don't play your radio so loudly!

_____ **21.** Frédéric   **e.** Don't use aerosols!

SCORE [ ]

E. Listen to the remarks you overhear at a party. Decide whether each person is **a) paying a compliment** or **b) responding to a compliment.** (6 points)

22. _____   23. _____   24. _____   25. _____   26. _____   27. _____

SCORE [ ]

II. Reading

Maximum Score: 30

F. Sabine's parents are having a dinner party this evening at their home. Sabine's mother left this note, asking her children for help. Read the note and then match each person with the chores he or she is supposed to do. (5 points)

> Mes chéris,
>
> Vous pouvez m'aider un peu dans la maison? D'abord, Stéphane, il faut que tu donnes à manger à Filou. Je n'ai pas eu le temps de le faire ce matin. Après, lave la voiture. Séverine, c'est à toi de ramasser les feuilles et de tondre la pelouse. Sabine, fais la poussière et passe l'aspirateur dans le salon. Ensuite, fais la vaisselle. Guillaume, lave les vitres et nettoie le parquet dans la cuisine. Moi, je mettrai la table en rentrant ce soir. Je serai un peu en retard parce que je dois faire faire la vidange de la voiture. Pardonnez-moi de vous demander de faire tout ça. Je vous promets de vous emmener au restaurant ce week-end pour vous récompenser. Merci!
>
> Maman

_____ 28. Stéphane

_____ 29. Séverine

_____ 30. Sabine

_____ 31. Guillaume

_____ 32. Maman

a. dust, vacuum, do the dishes

b. feed the cat, wash the car

c. set the table, get the oil changed

d. wash the windows, clean the kitchen floor

e. rake the leaves, mow the lawn

SCORE [   ]

G. Sébastien and his friends are having dinner in a restaurant. Read their conversation and match each person with his or her order. Then read the check and decide whether the statements that follow are **a) true** or **b) false.** (10 points)

SEBASTIEN   Miam... Tout a l'air si bon. Je ne sais pas quoi prendre.

HICHEM   A mon avis, tu devrais essayer le filet de sole. C'est délicieux. Je prends ça chaque fois que je dîne ici. Moi, comme entrée, je vais prendre l'assiette de charcuterie.

SEBASTIEN   Et toi, Perrine, qu'est-ce que tu vas prendre?

PERRINE   Comme entrée, je vais prendre des escargots, et ensuite, une côtelette de porc. Tu aimes le porc, Charles?

CHARLES   Non, pas trop. Je vais prendre une assiette de charcuterie et le steak-frites.

MIREILLE   Moi, je vais prendre des carottes râpées et le poulet rôti. Et toi, Sébastien?

SEBASTIEN   Bon, j'ai décidé. Je vais aussi prendre le steak-frites mais avec des carottes râpées comme entrée.

escargots	6,80 €
carottes râpées (2)	6,10 €
assiette de charcuterie (2)	9,20 €
poulet rôti	6,80 €
filet de sole	9,90 €
steak-frites (2)	13,70 €
côtelette de porc	6,80 €
Total	88,30 €

_____ 33. Sébastien

_____ 34. Hichem

_____ 35. Perrine

_____ 36. Charles

_____ 37. Mireille

a. plate of pâté, ham, and cold sausage; fish

b. plate of pâté, ham, and cold sausage; steak and fries

c. grated carrots; roasted chicken

d. grated carrots; steak and fries

e. snails, pork chop

Now decide whether these statements are **a) true** or **b) false.**

_____ 38. The pork chop was cheaper than the fish.

_____ 39. The roasted chicken was the cheapest item they ordered.

_____ 40. Everyone ordered an appetizer.

_____ 41. Perrine ordered the cheapest appetizer on the menu.

_____ 42. Steak and fries was the most expensive dish on the menu.

SCORE [   ]

H. You're traveling with a friend in Belgium. Your friend wrote down the directions from Liège to certain cities, but can't remember which directions go with which cities. Using the map below, match the directions with the correct destination. (5 points)

a. Verviers **b.** Hannut **c.** Andenne
d. Marche-en-Famenne **e.** Ciney

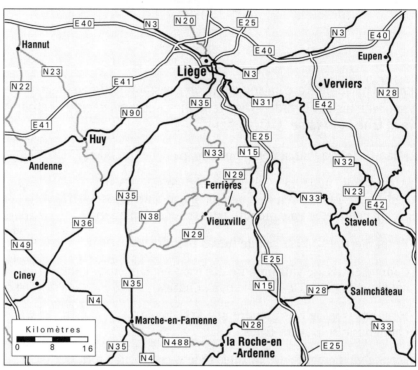

From Map No. 409, "Belgique, Luxembourg, Belgium," 1994 edition. Permission No. 94-460. Copyright © by **Michelin**. Reprinted by permission of the publisher.

_____ **43.** Prenez la E. 40 direction ouest jusqu'à la N. 22. A la N. 22, tournez à gauche et continuez pendant à peu près dix kilomètres. La ville se trouve près du carrefour de la N. 22 et de la N. 23.

_____ **44.** De la N. 90, prenez la N. 35. Quand vous arrivez au carrefour de la N. 35 et de la N. 36, prenez la N. 36. Continuez pendant à peu près trente kilomètres et vous allez tomber sur la ville.

_____ **45.** Prenez la N. 90 et allez tout droit. Traversez la N. 23 et continuez tout droit. La ville est à peu près à quinze kilomètres de là.

_____ **46.** De Liège, prenez la N. 3 jusqu'à la E. 42. Tournez à droite sur la E. 42. La ville sera sur votre gauche.

_____ **47.** De la N. 90, prenez la N. 35 et continuez tout droit. Vous allez voir la ville au carrefour de la N. 35 et la N. 488. Si vous traversez la N. 4, vous êtes allés trop loin.

SCORE [____]

Nom _____ Classe _____ Date _____

I. Pauline recently went to a family reunion and took this photo to send to her pen pal. Read the letter she sent and match the names with the people in the photo. (5 points)

> Salut! Ça va? Je t'envoie une photo de ma famille. Alors, il y a mon arrière-grand-mère Adrienne. C'est la femme qui porte la robe à rayures et qui a un chignon. Ensuite, il y a ma sœur Madeleine qui est la benjamine. C'est une vraie pleurnicheuse! Mon oncle Vincent, c'est celui qui porte le costume. Et puis, voilà ma tante Brigitte. Elle est super cool. J'adore son caleçon à pois. Sur la photo, il y a aussi Pierre-Yves, mon petit neveu. Il est adorable. C'est celui qui porte le gilet. Comme ça, tu connais ma famille. Tchao!

_____ 48. Adrienne

_____ 49. Madeleine

_____ 50. Vincent

_____ 51. Brigitte

_____ 52. Pierre-Yves

SCORE [   ]

J. You're working as a job counselor. Read these descriptions that your clients wrote about themselves below and the employment ads that follow. Then match each person with the job that best suits his or her interests. (5 points)

_____ 53. Quand j'étais petite, je faisais des vêtements pour mes poupées *(dolls)*. Maintenant, ce qui me plaît, c'est de faire tous mes vêtements. Je suis très créative.

_____ 54. J'ai fait des études de génie, et jusqu'au mois dernier, je travaillais pour un centre de recherches nucléaires. J'aimerais bien changer un peu pour avoir des connaissances plus vastes.

_____ 55. Je travaille dans un hôpital depuis cinq ans et je soigne les malades. Je cherche un emploi où mes connaissances en médecine me seront toujours utiles mais je ne veux plus travailler pour une organisation si vaste.

_____ 56. Je connais bien la ville et j'ai déjà mon permis. J'ai aussi fait un apprentissage avec un mécanicien pendant six mois.

_____ 57. Je suis étudiante et je cherche un emploi mi-temps pour avoir un peu d'argent de poche. Malheureusement, je n'ai pas d'expérience particulière.

French 3 Allez, viens!, Midterm Exam

Recherche chauffeurs poids lourds pour société de transport de fruits et légumes. Connaissances mécaniques appréciées. Se présenter en personne à Bédouin S.A., Route Nationale 7, Montélimar ou téléphoner au 04.90.45.87.40 pour tous renseignements supplémentaires.

a.

Recherchons pour l'ouverture de nouvelle clinique infirmier / infirmière. Si vous êtes disponible tout de suite et avez le goût pour le contact, envoyez CV sous référence AFG 354 au journal qui transmettra.

c.

Magasin de vêtements de luxe cherche tailleur à mi-temps. Bonne présentation et personnalité agréable. Rémunération intéressante pour candidat(e) qualifié(e). Téléphoner au 01.90.75.24.76 pour entrevue.

b.

Société d'exploration pétrolière recherche ingénieur très qualifié. Disponible immédiatement. Sens des responsabilités et capacité à travailler en équipe exigés. Salaire motivant. Téléphoner au 01.90.67.56.02 et demander Sophie Roche pour rendez-vous.

d.

Restaurant local cherche serveur / serveuse. Soir seulement. Expérience souhaitée mais pas nécessaire. Téléphoner au 01.90.54.99.38 pour entrevue.

e.

SCORE [ ]

III. Culture

Maximum Score: 15

K. Decide whether these statements are a) **true** or b) **false.** (5 points)

_____ **58. La minuterie** is a famous comic strip in France.

_____ **59.** Belgium is famous for its lace, **la dentelle.**

_____ **60.** Mint tea is the national beverage of Morocco.

_____ **61.** The **sabot** and the **coiffe** are examples of traditional Moroccan dress.

_____ **62.** French is the official language of Morocco.

SCORE [ ]

L. Complete the following information about different francophone countries. (10 points)

63. Two of the official languages of Belgium are _____ and _____.

64. France is famous for its cuisine. Some traditional dishes are _____,

_____, and _____.

65. In Morocco, rugs, pottery, fine leather, and copperware are sold in markets called

_____.

66. **La lutte sans frappe,** a type of wrestling, is a very popular sport in _____.

67. There are four official languages in Switzerland: German, French, _____,

and _____.

68. Senegal's capital, _____, is a business and trade center for all of Western

Africa.

SCORE

IV. Writing

Maximum Score: 28

M. Choose three of the items listed in the box below and tell how you feel about them and why.
(6 points)

les bandes dessinées le look grunge	les crêpes les cheveux en brosse	le recyclage la haute couture

1. _____

_____

_____

2. _____

_____

_____

3. _____

_____

_____

SCORE

N. You're interested in studying for a semester in France. Write to a school of your choice, telling who you are and what you want to study. Ask for more information. Be sure to use the expressions appropriate for a formal letter. (10 points)

_____

_____

_____

_____

_____

_____

_____

_____

_____

_____

_____

SCORE [   ]

O. It's graduation day! Write a conversation in which you and a friend discuss future plans. You are quite sure what you want to do, but your friend is still unsure. You should write at least six sentences. (12 points)

_____

_____

_____

_____

_____

_____

_____

_____

_____

_____

_____

_____

SCORE [   ]

TOTAL SCORE [/100]

Circle the letter that matches the most appropriate response.

I. Listening

Maximum Score: 27

A. (6 points)

1. a b
2. a b
3. a b
4. a b
5. a b
6. a b

SCORE [   ]

B. (5 points)

7. a b c d e
8. a b c d e
9. a b c d e
10. a b c d e
11. a b c d e

SCORE [   ]

C. (5 points)

12. a b c
13. a b c
14. a b c
15. a b c
16. a b c

SCORE [   ]

D. (5 points)

17. a b c d e
18. a b c d e
19. a b c d e
20. a b c d e
21. a b c d e

SCORE [   ]

E. (6 points)

22. a b
23. a b
24. a b
25. a b
26. a b
27. a b

SCORE [   ]

II. Reading

Maximum Score: 30

F. (5 points)

28. a b c d e
29. a b c d e
30. a b c d e
31. a b c d e
32. a b c d e

SCORE [   ]

G. (10 points)

33. a b c d e
34. a b c d e
35. a b c d e
36. a b c d e
37. a b c d e

38. a b
39. a b
40. a b
41. a b
42. a b

SCORE [   ]

H. (5 points)

43. a b c d e
44. a b c d e
45. a b c d e
46. a b c d e
47. a b c d e

SCORE [   ]

I. (5 points)

48. a b c d e
49. a b c d e
50. a b c d e
51. a b c d e
52. a b c d e

SCORE [   ]

J. (5 points)

53. a b c d e
54. a b c d e
55. a b c d e
56. a b c d e
57. a b c d e

SCORE [   ]

III. Culture

Maximum Score: 15

K. (5 points)

58. a b
59. a b
60. a b
61. a b
62. a b

SCORE [   ]

L. (10 points)

63. Two of the official languages of Belgium are _____ and _____.

64. France is famous for its cuisine. Some traditional dishes are _____,
_____, and _____.

65. In Morocco, rugs, pottery, fine leather, and copperware are sold in markets called
_____.

66. **La lutte sans frappe**, a type of wrestling, is a very popular sport in _____.

67. There are four official languages in Switzerland: German, French, _____, and
_____.

68. Senegal's capital, _____, is a business and trade center for all of Western Africa.

SCORE [   ]

IV. Writing

Maximum Score: 28

M. (6 points)

1. _____

_____

2. _____

_____

3. _____

_____

SCORE _____

N. (10 points)

_____

_____

_____

_____

_____

_____

SCORE _____

O. (12 points)

_____

_____

_____

_____

_____

_____

_____

_____

SCORE _____

TOTAL SCORE ____ /100

Scripts for Midterm Exam

I. Listening

A. 1. — Ah, non, on a un pneu crevé! Qu'est-ce qu'on va faire maintenant?
   — Du calme. Je sais changer un pneu, moi.
   2. — J'aimerais bien faire un peu les magasins avant de rentrer.
   — Pas possible. On n'a pas le temps. Nos amis arrivent à sept heures.
   3. — J'ai faim. On s'arrête ici pour prendre un petit quelque chose?
   — Mais non! Je suis vraiment impatient d'arriver à la maison.
   4. — Ah, non! On n'a pas assez d'essence pour faire le retour. Il faut chercher une station-service.
   — Ce n'est pas grave. Ça ne va pas prendre longtemps.
   5. — Grouille-toi! J'ai beaucoup de choses à faire en ville.
   — Sois patiente. On a largement le temps.
   6. — Qu'est-ce que tu fais? Tu ne peux pas te dépêcher?
   — Mais il n'y a pas le feu! De toute façon, il faut que je nettoie le pare-brise. Je ne vois rien!

B. Quelle vie! C'était vraiment difficile de se déplacer en ville quand j'étais jeune. Il n'y avait pas beaucoup de transports en commun et j'habitais loin du centre. C'est pour ça que, dès que j'ai eu l'âge, j'ai passé mon permis de conduire. C'était pas facile; j'ai dû prendre des leçons pendant plusieurs mois. Et deux mois après, j'ai fini le lycée. Qu'est-ce que j'étais content! Je m'en souviens comme si c'était hier. Comme il n'y avait pas d'université dans la ville où j'habitais, j'ai dû quitter ma famille et aller vivre dans une plus grande ville. J'étais un peu triste quand je suis parti, mais je savais bien que c'était nécessaire si je voulais réussir dans la carrière que j'avais choisie. Finalement, j'ai eu mon diplôme. Je n'ai pas eu trop de mal à trouver un emploi. Deux mois après avoir fini mes études, on m'a offert un poste de médecin dans un grand hôpital. J'avais beaucoup de patients et je devais travailler très dur, mais j'aimais beaucoup mon travail. Et puis, j'ai rencontré Simone. J'ai su tout de suite que c'était elle, la femme de ma vie. On s'est mariés six mois plus tard.

C.

SANDRINE	Dis, Philippe, tu as envie de voir un film vendredi soir? Une comédie, peut-être?
PHILIPPE	Vendredi... Non, pas vendredi, j'ai déjà rendez-vous. Si on y allait samedi après-midi?
SANDRINE	Non, c'est pas possible. Samedi après-midi, je dois faire la lessive et le repassage. Je ne peux pas sortir avant six heures. Ça, c'est sûr...
PHILIPPE	Bon. Alors, pourquoi pas dimanche? Je n'ai rien de prévu.
SANDRINE	Super! Moi non plus. Comment est-ce qu'on fait?
PHILIPPE	Je peux prendre le bus pour aller chez toi, et puis, on peut aller au cinéma à pied. C'est pas trop loin.
SANDRINE	D'accord. A quelle heure tu viens?
PHILIPPE	On se retrouve à deux heures chez toi. Le film commence à deux heures et demie. Et après, tu as envie d'aller au café?
SANDRINE	Ce serait sympa. Bon, alors à dimanche.
PHILIPPE	A dimanche.

D. **17.** Maman, tu ne devrais pas jeter les bouteilles en plastique à la poubelle. Tu ferais mieux de les recycler!

18. Guillaume, pourquoi tu mets ta radio si fort? Tu fais trop de bruit! Pense aux autres un peu!

19. Papa, tu sais, tu vas beaucoup trop vite. Pourquoi tu ne conduis pas plus prudemment?

20. Encore des aérosols, Valérie! Tu as tort d'utiliser des aérosols. C'est très mauvais pour l'environnement.

21. Oh là là! Frédéric, pourquoi tu ne mets pas ça dans la poubelle? Tu sais, il est interdit de jeter des ordures par terre!

E. **22.** — Fais-moi confiance. Ça fait très bien.

23. — Que tu es élégant comme ça!

24. — Oh, c'est un vieux truc.

25. — Ça fait classe, et je ne dis pas ça pour te faire plaisir.

26. — Vraiment? Je ne l'ai pas payé cher.

27. — Ça te va comme un gant!

Answers to Midterm Exam

I. Listening   Maximum Score: 27 points

A. (6 points: 1 point per item)
1. b
2. a
3. a
4. b
5. b
6. b

B. (5 points: 1 point per item)
7. a
8. e
9. c
10. d
11. b

C. (5 points: 1 point per item)
12. a
13. c
14. b
15. a
16. b

D. (5 points: 1 point per item)
17. b
18. d
19. c
20. e
21. a

E. (6 points: 1 point per item)
22. a
23. a
24. b
25. a
26. b
27. a

II. Reading   Maximum Score: 30 points

F. (5 points: 1 point per item)
28. b
29. e
30. a
31. d
32. c

G. (10 points: 1 point per item)
33. d
34. a
35. e
36. b
37. c
38. a
39. b
40. a
41. b
42. a

H. (5 points: 1 point per item)
43. b
44. e
45. c
46. a
47. d

I. (5 points: 1 point per item)
48. c
49. e
50. a
51. b
52. d

J. (5 points: 1 point per item)
53. b
54. d
55. c
56. a
57. e

III. Culture   Maximum Score: 15 points

K. (5 points: 1 point per item)
58. b
59. a
60. a
61. b
62. b

L. (10 points: 1 point per item)
63. Two of the following: Dutch, French, German
64. Answers may vary: **bouillabaisse; crêpes; cassoulet**
65. **souks**
66. Senegal
67. Italian; Romansch
68. Dakar

IV. Writing   Maximum Score: 28 points

M. (6 points: 2 points per item)
Answers will vary.

N. (10 points)
Answers will vary.

O. (12 points)
Answers will vary.

Un safari-photo

PREMIERE ETAPE

Maximum Score: 50/100

Grammar and Vocabulary

A. The Zokoue family is deciding what to take with them on their safari. Complete these sentences by writing one logical thing they should take with them in each phrase. (16 points)

1. Pour prendre des photos, il faudra _____.

2. S'il pleut, il faudra _____.

3. Comme il y a beaucoup de moustiques, il faudra _____.

4. Comme le soleil est très fort, il faudra _____.

5. Il faudra _____ pour mettre de l'eau purifiée.

6. Pour faire des vidéos du voyage, il faudra _____.

7. Comme les accidents sont toujours possibles, il faudra _____.

8. Pour avoir de la lumière si on sort le soir, il faudra _____.

SCORE [____]

B. What would you expect to see if you were going on a trip to the Central African Republic? List nine different items. (18 points)

_____ _____

_____ _____

_____ _____

_____ _____

_____

SCORE [____]

Quiz 7-1A

C. Imagine that you are joining the Zokoues on their safari. How would you react if Lucie said these things to you? Give your reaction as shown in the example. (16 points)

EXEMPLE: Je prendrai beaucoup de photos des animaux.
Je suis heureux (-euse) que tu prennes beaucoup de photos des animaux.

1. Nous goûterons la cuisine africaine.

   Je suis heureux (-euse) que nous _____.

2. On visitera un village pour voir comment c'est.

   Je suis heureux (-euse) qu'on _____.

3. On se fera vacciner.

   Il est important qu'on _____.

4. Il fera très chaud.

   J'ai peur que qu'il _____.

5. Le voyage coûtera assez cher.

   Il se peut que le voyage _____.

6. Nous rencontrerons des gens intéressants.

   Il se peut que vous _____.

7. Il y a le danger d'attraper le paludisme *(malaria)*.

   J'ai peur que nous _____.

8. Je prendrai des chèques de voyage.

   Il est essentiel que tu _____.

SCORE [   ]

TOTAL SCORE [/50]

CHAPITRE 7

Un safari-photo

■ PREMIÈRE ÉTAPE

I. Listening

A. Listen as some of Joseph's friends comment on his upcoming safari trip. Indicate whether each speaker is expressing **a) necessity**, **b) doubt**, or **c) possibility**. (10 points)

1. _____ 2. _____ 3. _____ 4. _____ 5. _____   SCORE [   ]

II. Reading

B. Read this traditional African tale. Then answer the questions that follow in English. (20 points)

LE MELON MAGIQUE

L'araignée Anansi adorait le melon, mais elle était trop paresseuse pour en cultiver. Comme elle avait très faim, elle est entrée dans le jardin d'un éléphant. Là, elle a trouvé un gros melon avec un petit trou *(hole)* dedans. Elle y est entrée pour déjeuner. Après avoir mangé pendant une heure, elle est devenue tellement grosse qu'elle n'arrivait plus à sortir par le petit trou du melon. «Il faut que j'attende ici et que je maigrisse un peu» s'est-elle dit. «Comme ça, je pourrais sortir.»

Quand l'éléphant est venu au jardin, il a remarqué ce beau melon et il l'a frappé. Anansi a décidé de s'amuser un peu avec lui. Elle a commencé a crier «Aïe!» de

l'intérieur du melon. L'éléphant a sursauté. «Comment!» a-t-il dit. «Je suis sûr d'avoir entendu parler. Est-ce que c'est possible qu'un melon puisse parler?» «Bien sûr!» a répondu Anansi. «Oh là là!» a dit l'éléphant. «C'est un melon magique! Il faut que j'en fasse cadeau au roi.»

Quand le roi a reçu le melon en cadeau, il lui a dit «Allez, melon! Parle!» Mais le melon n'a rien répondu. «Je ne suis pas content que tu ne m'obéisses pas!» a dit le roi. «Parle! Je te l'ordonne!» Mais le melon a gardé le silence. «Ah!» a crié le roi. «Quel fruit stupide!»

Enfin, Anansi a répondu. «Pourquoi tu dis que je suis bête? Ce n'est pas moi qui parle aux melons!»

1. What type of creature is Anansi? _____

2. Why couldn't she get out of the melon? _____
   _____

3. Why did the elephant think the melon was magic? What did he decide to do with the melon?
   _____

4. How did Anansi insult the king? _____
   _____

SCORE [   ]

III. Writing

C. One of your friends is planning to go on a safari in the Central African Republic. Write a short note telling about things that he or she might see or do there. Write six sentences and use at least three different expressions which indicate supposition, doubt, or certainty. (6 points)

_____

_____

_____

_____

_____

_____

SCORE [____]

D. Now tell your friend five things that he or she needs to take on the safari. Use at least two different expressions for giving advice. (10 points)

_____

_____

_____

_____

_____

SCORE [____]

IV. Culture

E. Choose the correct words to complete the paragraph below. (4 points)

rain forest	hippopotamuses	safari
gorilla habitats	cheetahs	savannah

There is a great variety of wildlife in the Central African Republic. In the northern

_____ are found lions, leopards, and elephants. In the south, the

_____ is one of the few remaining _____ left in Africa. Along

the rivers, you can find _____.

SCORE [____]

TOTAL SCORE [____] /50

Nom _____ Classe _____ Date _____

Un safari-photo

■ DEUXIEME ETAPE

Maximum Score: 50/100

Grammar and Vocabulary

A. While on their safari, the Zokoue's are talking about the animals they see. Identify, in French, the animal that is being described. (14 points)

1. Ouah! Regarde comme il a l'air féroce. Je comprends pourquoi on l'appelle le roi des animaux. _____

2. Tu sais, c'est l'animal le plus rapide de tous. _____

3. Regarde comme il ressemble à un cheval. Mais grâce à ses rayures, il peut se cacher dans la brousse. _____

4. Comme il est gros, celui-là! Tu sais, cet animal se sert de sa trompe pour se baigner.

_____

5. Ooh, quel cou! Je n'en ai jamais vu de si long! _____

6. Tu sais, son nom veut dire «cheval du fleuve» et justement il passe presque toute la journée dans l'eau. Il sort la nuit pour manger. _____

7. Comme il est gros, cet animal! Et regarde ses cornes! _____

SCORE ☐

B. You're on a safari. Express your astonishment at the different things you see using a variety of expressions. (15 points)

1. You see some very funny monkeys.

_____

2. You see a large hippo.

_____

3. You see some beautiful butterflies.

_____

4. You see some very pretty countryside.

_____

5. You see a very big elephant.

_____

SCORE ☐

Quiz 7-2A

C. Joseph is talking to a friend about his upcoming safari. Complete their conversation with the subjunctive form of the verbs in parentheses. (21 points)

FABIEN   Dis donc! Tu pars en safari. Quelle chance!

JOSEPH   Oui, c'est bien, mais enfin... j'ai peur que ce **(1)** _____ *(être)*

dangereux. Il doit y avoir des lions, des serpents, des ours...

FABIEN   Des lions et des serpents, bon, d'accord, mais je ne crois pas qu'il y

(2) _____ *(avoir)* des ours.

JOSEPH   Et il y a tellement d'insectes!

FABIEN   Alors, il faudrait que tu **(3)** _____ *(mettre)* de la lotion

anti-moustique et que tu **(4)** _____ *(aller)* chez le médecin

pour te faire vacciner.

JOSEPH   Mais il y a aussi des scorpions!

FABIEN   Il faut que tu **(5)** _____ *(faire)* attention. C'est tout.

JOSEPH   Et si on se perd au milieu de la forêt?

FABIEN   Mais il y aura un guide. Il faut que tu **(6)** _____ *(avoir)* un

peu de courage quand même!

JOSEPH   Tu sais... nous n'avons pas encore reçu nos passeports. Il se peut que nous ne

(7) _____ *(pouvoir)* pas y aller après tout!

SCORE [   ]

TOTAL SCORE [/50]

CHAPITRE 7

7 Un safari-photo

■ DEUXIEME ETAPE

Maximum Score: 50/100

I. Listening

A. You will hear several tourists on a safari. Choose the most logical response to what each person says. (15 points)

1. _____
2. _____
3. _____
4. _____
5. _____

   a. Ouf! On a eu chaud!
   b. Calme-toi! Je sais exactement où nous sommes.
   c. D'accord, mais il serait plus prudent de rester dans la jeep. Les animaux peuvent charger.
   d. Ne vous en faites pas. J'ai tout vérifié.
   e. Oh, dis donc! Je n'ai jamais vu un animal aussi gros!

SCORE [ ]

II. Reading

B. Your friend Armelle is visiting the Central African Republic with her family. Read about her adventures and then answer the questions that follow in English. (20 points)

> Salut!
> Et voilà! Je suis en République centrafricaine et le safari, c'est cool! Quelle aventure! On est arrivés lundi matin et l'après-midi, on est allés au parc national en jeep. On a vu des rhinocéros et des éléphants; tu sais, je n'avais jamais vu d'animaux aussi gros! Ils étaient énormes! Après, on a vu des guépards. C'est fou comme ils vont vite! Notre voyage avait bien commencé, jusqu'au moment où mon frère Patrick a décidé qu'il voulait prendre une photo d'un rhinocéros. Il était très important qu'on reste dans la voiture, mais tu connais Patrick! Il est descendu de la voiture et il a pris une photo du rhinocéros. Le rhinocéros s'est énervé et il a chargé Patrick. Patrick a couru très vite et il est remonté dans la voiture. Ouf! Il a eu de la chance! Après ça, il n'est plus sorti de la voiture. A plus tard!
> Armelle

1. What are Armelle and her family doing in the Central African Republic?

_____

_____

2. What animals did they see?

_____

_____

Quiz 7-2B

3. What really impressed Armelle about the animals?

_____

_____

4. What did Patrick do? Was it a good idea? Why or why not?

_____

_____

5. Why was Patrick lucky?

_____

_____

SCORE [_____] /50

III. Writing

C. Imagine you're on safari. Express your astonishment or caution your friends as suggested by the pictures below. Vary your expressions. (15 points)

1.  _____

_____

_____

_____

2.  _____

_____

_____

_____

3.  _____

_____

_____

_____

SCORE [_____]

TOTAL SCORE [_____] /50

CHAPITRE 7

Un safari-photo

Chapter Test

I. Listening

Maximum Score: 28

A. Listen to the following conversations. Decide whether these people are in **a) the rain forest** or **b) the savannah.** (10 points)

1. _____
2. _____
3. _____
4. _____
5. _____

SCORE _____

B. Listen to the following descriptions and match them with the appropriate illustrations. (8 points)

a.

b.

c.

d.

e.

6. _____   7. _____   8. _____   9. _____   SCORE _____

Chapter Test

C. Listen to the following conversations and decide whether the speakers are expressing
a) astonishment or **b) caution** in each one. (10 points)

10. _____

11. _____

12. _____

13. _____

14. _____   SCORE [   ]

II. Reading

Maximum Score: 32

D. Pierre and Marc are discussing what to take with them on their safari. Read their conversation
and then indicate whether the statements that follow are **a) true** or **b) false.** (12 points)

PIERRE   Zut, alors! Je suis en retard et il faut encore que je fasse mes valises! On part ce soir
et je ne suis pas encore prêt!

MARC   Du calme, du calme, je vais t'aider. Qu'est-ce que tu vas emporter?

PIERRE   Tu crois que je devrais emporter un désinfectant et des pansements?

MARC   Oui, ça vaut mieux.

PIERRE   Est-ce qu'il est nécessaire que je prenne ma carte de crédit?

MARC   A mon avis, c'est plus sûr. Il est essentiel que tu achètes des chèques de voyage
aussi. Tu prends un manteau?

PIERRE   Je ne crois pas que ce soit utile. Il ne fait pas très froid la nuit, mais j'emporterais un
pull-over si j'étais toi.

MARC   Est-ce qu'il nous faut un visa? J'ai oublié d'en demander un!

PIERRE   Non, mais il faut que tu emportes ton passeport. Moi, je vais prendre des pellicules. Je
suis sûr qu'on verra beaucoup d'animaux féroces comme des lions et des crocodiles.
Je parie aussi qu'on va voir des girafes et des hippopotames. Je vais prendre beaucoup de photos!

MARC   Je crois que ça vaut mieux. C'est pas sûr qu'on puisse en acheter là-bas.

PIERRE   C'est vrai, ça. Peut-être que je devrais aussi emporter de la lotion anti-moustique.

MARC   Oui, et n'oublie pas la crème solaire.

_____ 15. Marc reminds Pierre to bring a canteen and binoculars.

_____ 16. Marc thinks they won't need a credit card since they'll be on safari.

_____ 17. Pierre plans on taking lots of pictures while on safari.

_____ 18. They're taking coats for the cold nights.

_____ 19. Marc can't go on safari without a visa.

_____ 20. Pierre is supposed to bring sunscreen.

SCORE [   ]

E. Imagine your French class went on a photo safari to the Central African Republic. Choose the correct captions for these pictures. (10 points)

_____ 21.

a. Tu as vu comme il court vite!

b. C'est le pied!

c. Ne bouge pas!

d. Ça m'étonnerait beaucoup.

_____ 22.

a. Méfiez-vous!

b. A mon avis, c'est plus sûr.

c. Des zèbres en Afrique? Ça m'étonnerait beaucoup.

d. Ça, alors!

_____ 23.

a. Calme-toi!

b. On a eu de la chance.

c. J'ai la frousse!

d. Tiens! Regarde un peu!

_____ 24.

a. On l'a échappé belle!

b. Tiens! Regarde comme c'est joli!

c. Fais gaffe!

d. Je crois que ça vaut mieux.

_____ 25.

a. Je suis convaincu que c'était une fourmi!

b. Ouah! C'est fou comme il va vite!

c. On a eu chaud!

d. Ce n'est pas la peine.

SCORE

Chapter Test

F. Read this article and decide whether the statements that follow are **a) true** or **b) false**. (10 points)

_____ **26.** This article is an ad for an African safari.

_____ **27.** This article encourages the selling of ivory products to fund ecological projects.

_____ **28.** This article suggests protecting elephants by putting them in zoos.

_____ **29.** This organization wants to help create animal preserves.

_____ **30.** According to the article, it is not yet too late to save the elephants.

SCORE [ ]

CHAPITRE 7

III. Culture

Maximum Score: 10

G. Decide whether these statements are **a) true** or **b) false.** (10 points)

_____ 31. Some of the major exports of the Central African Republic are coffee, wood, and cotton.

_____ 32. French is the official language of the Central African Republic.

_____ 33. The rain forests of the Central African Republic are one of the few gorilla habitats that remain in Africa.

_____ 34. Ubangi is the most commonly spoken and understood language in the Central African Republic.

_____ 35. The Ubangi river provides a major source of fresh water and fish to the Central African Republic.

SCORE [   ]

IV. Writing

Maximum Score: 30

H. You're going on a safari, but you don't know what to take with you. Write five questions to ask your travel agent about things you might take with you. (10 points)

1. _____

_____

2. _____

_____

3. _____

_____

4. _____

_____

5. _____

_____

SCORE [   ]

CHAPITRE 7

Chapter Test

I. Your pen pal is going on a safari in the Central African Republic. Write a letter telling him or her what to bring and what to expect during the trip. Use a variety of expressions to give advice and express suppositions or emotions. (10 points)

_____

_____

_____

_____

_____

_____

_____

_____

SCORE [____]

J. You're on safari in Africa. Write a conversation in which you and a fellow traveler talk about what you see and what is happening. Use a variety of expressions to indicate your astonishment. Write at least five sentences. (10 points)

_____

_____

_____

_____

_____

_____

_____

_____

_____

_____

SCORE [____]

TOTAL SCORE [____] /100

CHAPITRE 7

Circle the letter that matches the most appropriate response.

I. Listening

Maximum Score: 28

A. (10 points)

1. a b
2. a b
3. a b
4. a b
5. a b

SCORE ☐

B. (8 points)

6. a b c d e
7. a b c d e
8. a b c d e
9. a b c d e

SCORE ☐

C. (10 points)

10. a b
11. a b
12. a b
13. a b
14. a b

SCORE ☐

II. Reading

Maximum Score: 32

D. (12 points)

15. a b
16. a b
17. a b
18. a b
19. a b
20. a b

SCORE ☐

E. (10 points)

21. a b c d
22. a b c d
23. a b c d
24. a b c d
25. a b c d

SCORE ☐

F. (10 points)

26. a b
27. a b
28. a b
29. a b
30. a b

SCORE ☐

III. Culture

Maximum Score: 10

G. (10 points)

31. a b
32. a b
33. a b
34. a b
35. a b

SCORE ☐

IV. Writing

Maximum Score: 30

H. (10 points)

1. _____
   _____

2. _____
   _____

3. _____
   _____

4. _____
   _____

5. _____
   _____

SCORE _____

I. (10 points)

_____
_____
_____
_____
_____

SCORE _____

J. (10 points)

_____
_____
_____
_____
_____
_____
_____
_____

SCORE _____

TOTAL SCORE _____ **/100**

French 3 Allez, viens!, Chapter 7

CHAPITRE 7

Listening Scripts for Quizzes • Chapitre 7

Quiz 7-1B Première étape

I. Listening

1. Il se peut qu'il y ait de beaux animaux.
2. Ça m'étonnerait qu'il y ait des tigres.
3. Il faudrait que tu te fasses vacciner.
4. Je ne crois pas que ce soit dangereux.
5. Il est essentiel que tu prennes des chèques de voyage.

Quiz 7-2B Deuxième étape

I. Listening

1. Arrête un peu la jeep. Je vais prendre une photo de ces animaux.
2. Je ne vois plus la jeep. On aurait dû rester avec les autres. Nous ne retrouverons jamais le chemin.
3. Regarde cet éléphant. Tu as vu comme il est grand?
4. Remontons, remontons vite! Dépêche-toi! Le rhinocéros charge!
5. Qu'est-ce qu'on ferait si on tombait en panne au milieu de la savane?

ANSWERS Quiz 7-1A

A. (16 points: 2 points per item)
Answers may vary. Possible answers:
1. un appareil-photo / des pellicules
2. un parapluie / un imperméable
3. de la lotion anti-moustique
4. de la crème solaire / des lunettes de soleil / un chapeau
5. une gourde
6. un caméscope / des cassettes
7. une trousse de premiers soins / des pansements / un désinfectant
8. une torche

B. (18 points: 2 points per item)
Answers will vary. Possible answers:
la forêt tropicale, la savanne, la brousse, un moustique, un serpent, un arbre, un point d'eau, une mouche, une rivière, un papillon, une araignée, des fourmis

C. (16 points: 2 points per item)
1. goûtions la cuisine africaine
2. visite un village pour voir comment c'est
3. se fasse vacciner
4. fasse très chaud
5. coûte assez cher
6. rencontriez des gens intéressants
7. attrapions le paludisme
8. prennes des chèques de voyage

ANSWERS Quiz 7-1B

I. Listening
  A. (10 points: 2 points per item)
    1. c
    2. b
    3. a
    4. b
    5. a

II. Reading
  B. (20 points: 5 points per item)
  Answers may vary. Possible answers:
    1. a spider
    2. She had eaten too much and couldn't fit back through the hole.
    3. The melon could talk. He decided to give it to the king as a present.
    4. Anansi accused the king of being foolish for talking to a melon.

III. Writing
  C. (6 points)
  Answers will vary. Possible answer:
  Un safari en Afrique? Ça doit être super! On pourrait sûrement voir des choses magnifiques. Je parie qu'il y a des lions, des zèbres et des rhinocéros! Il doit y avoir des singes aussi. Oui, je suis certain(e) qu'il y aura des singes! Je suis sûr(e) qu'un safari peut être un peu dangereux, alors, je ne pense pas qu'on puisse sortir de la jeep.

  D. (10 points)
  Answers will vary. Possible answer:
  Il faudrait que tu prennes de la lotion anti-moustique, une trousse de premiers soins et une gourde. Il est nécessaire que tu prennes un imperméable. Si tu vas prendre des photos, il est essentiel que tu emportes des pellicules.

IV. Culture
  E. (4 points: 1 point per item)
  savannah, rain forest, gorilla habitats, hippopotamuses

ANSWERS Quiz 7-2A

A. (14 points: 2 points per item)
1. le lion
2. le guépard
3. le zèbre
4. l'éléphant
5. la girafe
6. l'hippopotame
7. le rhinocéros

B. (15 points: 3 points per item)
Answers will vary. Possible answers:
1. C'est fou comme ils sont amusants, ces singes!
2. Tiens! Regarde un peu cet hippopotame.
3. Quels beaux papillons!
4. Qu'est-ce qu'il est beau, ce paysage!
5. Tu as vu comme il est gros, cet éléphant?

C. (21 points: 3 points per item)
1. soit
2. ait
3. mettes
4. ailles
5. fasses
6. aies
7. puissions

ANSWERS Quiz 7-2B

I. Listening

A. (15 points: 3 points per item)
1. c
2. b
3. e
4. a
5. d

II. Reading

B. (20 points: 4 points per item)
Answers may vary. Possible answers:
1. They're on a safari.
2. rhinoceroses, elephants, cheetahs
3. She thought the rhinoceroses and elephants were huge and that the cheetahs ran really fast.
4. He got out of the car and took a picture of a rhinoceros. It was a bad idea because the rhinoceros charged him.
5. Patrick was lucky that he was able to get back into the car before the charging rhinoceros reached him.

III. Writing

C. (15 points: 5 points per item)
Answers will vary. Possible answers:
1. Oh, dis donc! Tu as vu comme ces éléphants sont gros?
2. Ne bouge pas! Attention au lion derrière toi!
3. Regarde un peu! Il est énorme, cet hippopotame!

CHAPITRE 7

Scripts for Chapter Test • Chapitre 7

I. Listening

A. 1. — Oh, dis donc, tu as vu les éléphants?
       — Ouah! Qu'est-ce qu'ils sont gros!
    2. — Regarde comme ils vont vite, ces zèbres.
       — Ouah!
    3. — Attention! Regarde où tu mets les pieds. Il y a un nid de fourmis juste devant toi!
    4. — Oh, qu'est-ce qu'il y a comme insectes ici! Tu sais que j'ai peur des moustiques et des mouches tsé-tsé!
       — Pas de panique! J'ai apporté de la lotion anti-moustique.
    5. — Tiens, regarde un peu les lions!
       — Où ça? Je ne les vois pas.
       — Là-bas, dans l'herbe.
       — Je n'ai jamais vu autant de lions!

B. 6. Cet animal est féroce. Il chasse les animaux qui sont plus lents que lui et il les tue pour les manger.
    7. Cet animal vit dans les arbres. Il est noir ou brun et, en général, il aime manger des bananes.
    8. Cet animal aime manger les feuilles des arbres. C'est un animal très grand avec un très long cou.
    9. Cet animal est très grand et très gros. Il a une trompe qu'il utilise pour se laver.

C. 10. — Tiens, regarde un peu les girafes!
       — Ça alors! Elles peuvent manger les feuilles les plus hautes de l'arbre!
   11. — Attention! Il y a un troupeau d'éléphants qui arrive!
       — Oh, j'ai très peur des éléphants! Ils sont tellement gros!
       — Calme-toi. On restera près des arbres.
   12. — Tu as vu comment les lions chassent leur proie?
       — Je n'ai jamais vu d'animaux aussi féroces!
   13. — C'est fou comme les singes vont facilement d'un arbre à un autre!
       — Oui, c'est incroyable.
   14. — Patrick! Qu'est-ce que j'ai sur le dos?
       — Pas de panique! C'est une grosse araignée! Ne bouge pas! Je vais l'enlever.

Answers to Chapter Test • Chapitre 7

I. Listening   Maximum Score: 28 points

A. (10 points: 2 points per item) **B.** (8 points: 2 points per item) **C.** (10 points: 2 points per item)

1. b	6. b	10. a
2. b	7. d	11. b
3. a	8. e	12. a
4. a	9. a	13. a
5. b		14. b

II. Reading   Maximum Score: 32 points

D. (12 points: 2 points per item) **E.** (10 points: 2 points per item) **F.** (10 points: 2 points per item)

15. b	21. c	26. b
16. b	22. a	27. b
17. a	23. d	28. b
18. b	24. c	29. a
19. b	25. b	30. a
20. a		

III. Culture   Maximum Score: 10 points

G. (10 points: 2 points per item)

31. a
32. a
33. a
34. b
35. a

IV. Writing   Maximum Score: 30 points

H. (10 points: 2 points per item)
Answers will vary. Possible answers:

1. Vous croyez que je devrais prendre une carte de crédit?
2. Vous pensez qu'il vaut mieux emporter une carte de crédit ou des chèques de voyage?
3. Il fait froid la nuit? Est-ce qu'il me faut un pull?
4. Est-ce qu'il est nécessaire d'avoir un visa?
5. Est-ce qu'il faut emporter une torche?

I. (10 points)
Answers will vary. Possible answer:
Je suis heureuse que tu partes en safari! Je parie que tu vas bien t'amuser. Il est nécessaire que tu emportes de la lotion anti-moustique. Il est aussi essentiel que tu prennes une carte de crédit et des chèques de voyage. Il est possible que tu voies des serpents, alors fais gaffe! Prends beaucoup de photos!

J. (10 points)
Answers will vary. Possible answer:
— C'est fou comme c'est amusant, ce safari! Il y a tellement de beaux animaux!
— Et quel paysage incroyable! Je n'ai jamais vu de si beau paysage!
— Oui, ce safari, c'est le pied! Tiens! Regarde un peu! Qu'est-ce qu'il est grand, cet éléphant!
— Ça alors!

La Tunisie, pays de contrastes

■ PREMIERE ETAPE

Grammar and Vocabulary

A. Here's a list of some traditional Tunisian activities. Complete each one logically. (21 points)

1. faire la _____ des olives

2. faire de l' _____ (des tapis, des bijoux...)

3. élever des _____ et des _____

4. cultiver le _____

5. _____ les vaches

6. donner à manger aux _____   SCORE [ ]

B. Your friends are speculating about what they would do in different situations. Complete their statements with the appropriate imperfect or conditional form of the verbs in parentheses. (20 points)

1. Si j'avais assez d'argent, mon ami et moi, nous _____ *(faire)* un voyage.

2. Si je pouvais partir en voyage, j'_____ *(aller)* en Tunisie.

3. Si j'allais en Tunisie, je _____ *(pouvoir)* acheter des tapis.

4. Ça _____ *(être)* chouette si je pouvais passer un an dans un pays étranger.

5. Si je _____ *(visiter)* la République centrafricaine, je prendrais beaucoup de photos.

6. Si je parlais français, j'_____ *(aimer)* visiter des pays francophones.

7. J'achèterais une nouvelle voiture si mes parents _____ *(avoir)* beaucoup d'argent.

8. Si c' (ce) _____ *(être)* possible, j'habiterais à New York.

9. Si je pouvais passer un an dans un pays francophone, je _____ *(choisir)* un pays d'Europe.

10. Si je voyageais seule en Afrique, mes parents _____ *(avoir)* peur.

SCORE [ ]

C. A classmate is going to visit a mutual friend who has moved to another city. Write three ways you could ask your classmate to convey good wishes to your mutual friend. (9 points)

1. _____

2. _____

3. _____

SCORE ☐

TOTAL SCORE ☐ /50

Nom _____ Classe _____ Date _____

La Tunisie, pays de contrastes

■ PREMIÈRE ÉTAPE

Maximum Score: 50/100

I. Listening

A. Karim is visiting his cousin Amira in Tunisia. Choose the picture below that illustrates each of their conversations. (15 points)

a.   b.   c.   d.   e.

1. _____   2. _____   3. _____   4. _____   5. _____

SCORE [   ]

II. Reading

B. Read Amina's letter to her French friend Simone. Then answer, in English, the questions that follow. (20 points)

> Chère Simone,
>   Il est presque dix heures du soir et je suis vraiment fatiguée! Tu vois, c'est la saison des dattes et ici, tout le monde travaille. Ça serait chouette si tu pouvais venir chez moi pendant les vacances. Je sais que tu veux quitter la grande ville pendant quelques semaines. Qu'est-ce que j'aimerais te montrer notre petit village! Tu sais, la vie à la campagne n'est pas toujours facile. Mais le soir, après le travail, tout est super calme. Et moi, je m'ennuie. Je serais très contente si tu pouvais venir!
>   On pourrait faire beaucoup de choses! On pourrait se promener dans le village. Il y a toutes sortes de choses à voir : des tapis, des poteries, des bijoux. Tu pourrais acheter de belles choses pour ta famille! Et ici, tu peux donner à manger aux poules et tu peux même traire les vaches! Je suis sûre que ça serait intéressant pour toi. Si seulement tu pouvais venir... Demande à tes parents. Dis-leur que tu as bien travaillé cette année et que tu veux partir en vacances. Fais mes amitiés à ta famille. J'attends ta réponse.
>
>   Je t'embrasse,
>   Amina

Quiz 8-1B

1. Why is Amina so tired?

   _____

2. What does Amina want Simone to do?

   _____

3. What is there to see in Amina's village?

   _____

4. What could Simone do at Amina's home?

   _____

5. To whom does Amina send her regards?

   _____

SCORE [   ]

III. Writing

C. How would you and your friends and family change things if you could? Complete the following sentences in French. (15 points)

1. Si c'était possible, j' (je) _____

   _____

   _____

2. Ça serait chouette si mes amis et moi, nous _____

   _____

   _____

3. S'ils avaient le choix, mes parents _____

   _____

   _____

SCORE [   ]

TOTAL SCORE [/50]

Nom _____ Classe _____ Date _____

La Tunisie, pays de contrastes

■ DEUXIEME ETAPE

Grammar and Vocabulary

A. What other words can you use to say these things about city life? (12 points)

1. les gens peu polis   les gens mal _____

2. un encombrement *(congestion)* de voitures   un _____

3. un endroit pour garer *(park)* des voitures   une place de _____

4. un vélo avec un moteur   un _____

5. un bâtiment très haut (On en voit beaucoup à New York!)   un _____

6. un passage pour traverser la rue à pied   un passage pour _____

SCORE _____

B. How do you think life in the city compares to life in the country? Make comparisons using the cues provided. (16 points)

1. (+ stressante) La vie en ville est _____ la vie à la campagne.

2. (+ bruyante) La ville est _____ la campagne.

3. (− tranquille) La vie en ville est _____ la vie à la campagne.

4. (= intéressante) La vie en ville est _____ la vie à la campagne.

5. (+ bruit) Il y a _____ en ville qu'à la campagne.

6. (− arbres) Il y a _____ en ville qu'à la campagne.

7. (+ pollution) Il y a _____ en ville qu'à la campagne.

8. (= choses intéressantes) Il y a _____ à la campagne qu'en ville.

SCORE _____

Quiz 8-2A

C. Emilie is telling you how life in high school differs from life in grade school. Does she do the following things more, less, or as much? (8 points)

1. Au lycée, on étudie _____. (=)

2. Au lycée, on sort _____. (+)

3. Au lycée, on joue _____ souvent avec des copains. (−)

4. Au lycée, on reste _____ souvent à la maison. (=)

SCORE [   ]

D. Gérard just moved from the city to the country, but he feels that everything is better in the city. Complete his statements with the appropriate French word for *better.* (14 points)

1. J'aime _____ habiter dans une grande ville.

2. Mon école en ville était _____.

3. Les magasins sont _____ en ville.

4. On mange _____ dans les restaurants en ville.

5. On trouve de _____ attractions en ville.

6. En général, je pense que la vie en ville est _____ que la vie à la campagne.

7. Je trouve que les gens vivent *(live)* _____ en ville.

SCORE [   ]

TOTAL SCORE [/50]

French 3 Allez, viens!, Chapter 8

CHAPITRE 8

CHAPITRE 8

La Tunisie, pays de contrastes

■ DEUXIEME ETAPE

I. Listening

A. Listen to the following remarks. What aspect of city life is each person talking about? (15 points)

a. traffic jams	**c.** rude people	**e.** parking
b. noise	**d.** skyscrapers	**f.** pollution

1. _____   2. _____   3. _____   4. _____   5. _____

SCORE [   ]

II. Reading

B. Read the remarks these teenagers made about city life. Then complete the chart on page 176. Decide whether or not each teenager likes the city and explain why. (20 points)

Nadine

Tu vois cette foule? Il y a trop de monde et les gens sont toujours pressés. J'en ai ras le bol! Qu'est-ce que j'aimerais vivre à la campagne!

Hassan

C'est très animé et j'aime bien les gratte-ciel. Il y en a qui sont tellement grands!

Amira

La ville? Bof... Il y a des aspects positifs aussi bien que négatifs. Mais en général, je n'aime pas trop la ville. Ce qui me fait peur, c'est la pollution. Avec toute la circulation et les usines, c'est l'horreur!

Nabil

Il y a trop de bruit! Le bruit des voitures et des vélomoteurs ne cesse jamais. Des fois, je ne peux pas dormir.

Leïla

La ville, c'est pas mal. Il y a beaucoup à faire et, comme je n'ai pas de voiture, j'ai besoin d'utiliser les transports en commun. Je prends souvent le bus parce qu'il y a un arrêt juste devant ma maison. C'est pratique.

Quiz 8-2B

	LIKES CITY	DISLIKES CITY	REASON
Nadine	_____	_____	_____
Hassan	_____	_____	_____
Amira	_____	_____	_____
Nabil	_____	_____	_____
Leïla	_____	_____	_____

SCORE [   ]

III. Writing

C. Imagine the ideal place to live. Compare it with where you live now. Why do you prefer your ideal place? Write at least five sentences in French. (11 points)

_____

_____

_____

_____

_____

_____

_____

_____

_____

_____

SCORE [   ]

IV. Culture

D. Explain in English the following terms associated with Tunisia. (4 points)

1. une chéchia _____

2. une médina _____

SCORE [   ]

TOTAL SCORE [/50]

CHAPITRE 8

La Tunisie, pays de contrastes

Chapter Test

Maximum Score: 30

I. Listening

A. Listen as a Tunisian girl describes her family's life on the farm. Put the pictures below in the order in which she mentions them. (10 points)

a.

b.

c.

d.

e.

1. _____   2. _____   3. _____   4. _____   5. _____

SCORE [   ]

B. Listen as Karima talks about the city in which she lives. Then decide whether these statements are **a) true** or **b) false.** (10 points)

_____ 6. Karima's city is smaller than Tunis.

_____ 7. There isn't any traffic in Karima's city.

_____ 8. People are in more of a hurry in Karima's town than in Tunis.

_____ 9. Pollution is a serious problem for this city.

_____ 10. Karima likes her city.

SCORE [   ]

CHAPITRE 8

French 3 Allez, viens!, Chapter 8

Testing Program **177**

Chapter Test

C. Listen as the following people tell how they feel about where they live. Decide whether each person is **a) satisfied** or **b) dissatisfied** with where he or she lives. (10 points)

11. _____ 12. _____ 13. _____ 14. _____ 15. _____

SCORE [   ]

II. Reading

Maximum Score: 30

D. Read this letter Aïcha wrote to her cousin Martin. Then decide whether the statements that follow are **a) true** or **b) false.** (10 points)

> Cher Martin,
>
> Tu ne devineras jamais ce qui s'est passé ce matin. Tu sais que je préfère prendre les transports en commun parce que je ne trouve jamais de place de stationnement quand je prends ma voiture. Donc, j'étais à l'arrêt du bus où j'attendais depuis vingt minutes. Quand je suis montée dans le bus, un type m'a poussée et il a pris la dernière place assise! J'ai dû rester debout pendant trente minutes! C'est insupportable, à la fin! Les gens sont tellement mal élevés en ville. Si j'avais le choix, j'habiterais à la ferme avec mon oncle et ma tante. Ça serait chouette si je pouvais vivre dans un endroit tranquille. Pas d'embouteillages, pas de foule, pas de pollution! Décidément, je n'aime pas trop la ville.
>
> Ah! J'ai oublié... Tu m'as dit dans ta dernière lettre que tu allais rendre visite à Ahmed. Salue-le de ma part. Je ne l'ai pas vu depuis longtemps. Je t'écrirai la semaine prochaine!
>
> Grosses bises,
> Aïcha

_____ 16. Aïcha lives on a farm with her uncle and aunt.

_____ 17. She was parking her car when someone cut her off.

_____ 18. She thinks people in the city are rude.

_____ 19. She takes the bus because parking is difficult.

_____ 20. Aïcha tells Martin to say hello to Ahmed for her.

SCORE [   ]

E. Read the following page from a guide book on Tunisia. Then decide whether the statements that follow are **a) true** or **b) false**. (10 points)

GUIDE DE LA TUNISIE

La Tunisie est accessible de plusieurs villes de France. Ce pays méditerranéen offre de multiples attraits à ses visiteurs avec ses 1.200 km de côtes, ses villes animées, ses monuments anciens et ses curiosités naturelles.

ACHATS

L'artisanat tunisien est riche et varié. Parmi les «souvenirs» que l'on peut acheter, signalons les tapis, les broderies, la maroquinerie, la poterie (à Nabeul et Djerba, notamment), la vannerie, les cages à oiseaux (Sidi Bou Saïd), les bijoux, les dattes fraîches (en saison) ou fourrées, les pâtisseries orientales (au miel), etc.

GASTRONOMIE

Voici quelques spécialités à ne pas manquer : les «briks», sortes de crêpes farcies avec un œuf, du thon ou de la viande; le «couscous» (au mouton, au poulet, au poisson, aux boulettes); la «méchouia», salade comportant des poivrons et des tomates grillés avec des œufs; la «chakchouka», piperade à la tunisienne. Les pâtisseries sont de type oriental, donc très sucrées. A goûter : le gâteau de dattes appelé «makhroud». Enfin, le thé à la menthe se consomme toute la journée ici.

SPORTS

En Tunisie, on peut pratiquer la natation, le ski nautique, la voile, la planche à voile, l'équitation, le golf, le minigolf, le tennis, la plongée sous-marine (corail à Tabarka et éponges dans le golfe de Gabès), la chasse dans le nord du pays (bécasses, grives, tourterelles, canards et sangliers), la pêche à la ligne, la pêche au thon (à Sidi Daoud) et la pêche sous-marine qui est réglementée.

FETES ET FOLKLORE

Le folklore est resté très vivant en Tunisie, en particulier dans le sud. Les danses sont pittoresques et rythmées par des tambours. Les fêtes sont nombreuses et très animées. Parmi celles-ci, citons la Fête du printemps ou la Fête de la fleur d'oranger à Nabeul (en avril), la Fête du corail à Tabarka (en juillet), la Fête de la vigne à Grombalia (en septembre) ainsi que les festivals de Sousse, d'Hammamet, de Carthage, de Tabarka, de Douz. Et bien sûr, il y a aussi toutes les fêtes religieuses musulmanes.

_____ 21. Tunisia offers lively cities as well as ancient monuments to its visitors.

_____ 22. According to the article, visitors can buy rugs, pottery, and jewelry as souvenirs.

_____ 23. **Makhroud** is a type of salad made with grilled tomatoes and eggs.

_____ 24. Water sports are very limited in Tunisia.

_____ 25. **Briks** are cakes made with dates.

SCORE _____

CHAPITRE 8

Chapter Test

F. Omar and Samira shared their views of life in the city. Read their opinions and then complete the statements that follow with **a) Omar, b) Samira,** or **c) both.** (10 points)

Omar, 15 ans

A mon avis, la vie en ville, c'est sympa! Il y a toujours quelque chose à faire et c'est très animé. Par contre, je n'aime pas toute la circulation qu'il y a en ville. Les embouteillages, c'est horrible! Quand j'essaie d'aller quelque part, il y a toujours un accident et moi, je suis toujours pressé. Mais, à part ça, j'aime bien la vie en ville. Un jour, je vais acheter un vélomoteur. Comme ça, je ne serai plus obligé de prendre le bus.

Samira, 17 ans

La vie en ville? Bonne question! En général, c'est pas mal, mais il faut s'y habituer. Quand je suis allée à Tunis pour la première fois, j'ai eu super mal à la tête. Quel bruit! Et puis, toutes ces voitures, ces embouteillages et ces gens pressés... Ce qui m'embête surtout, c'est les gens mal élevés. C'est insupportable, à la fin!

This person. . .

_____ **26.** would like to buy a moped.

_____ **27.** complains about rude people.

_____ **28.** is always in a hurry.

_____ **29.** is annoyed by the traffic.

_____ **30.** complains about the noise.

SCORE _____

III. Culture

Maximum Score: 10

G. Decide whether these statements about Tunisia are **a) true** or **b) false.** (10 points)

_____ **31.** Tunis is the capital of Tunisia.

_____ **32.** French is the official language of Tunisia.

_____ **33.** Tunisia was once a French protectorate.

_____ **34.** The largest portion of Tunisia's population is of Arab descent.

_____ **35.** A **chéchia** is a type of hat worn by men in Tunisia.

SCORE _____

Chapter Test

IV. Writing

Maximum Score: 30

H. What would you say in French in the following situations? (6 points)

1. You're waiting in line to pay for your groceries and someone cuts in front of you without apologizing.

   _____

   _____

2. You're having a bad day; everything seems to be going wrong.

   _____

   _____

3. You're trying to make a phone call, but someone is monopolizing the public phone you want to use.

   _____

   _____

SCORE [____]

I. Your best friend moved away to another city. Write a short letter, telling your friend you hope he or she can come for a visit. Be sure to close your letter properly and send regards to his or her family. Use the expressions below. (8 points)

> Ça serait chouette si...   Si c'était possible...
>
> Qu'est-ce que j'aimerais... !

_____

_____

_____

_____

_____

_____

_____

_____

SCORE [____]

CHAPITRE 8

Chapter Test

J. a. Your friend is going to spend some time in the country. Write him or her a note telling at least four things to see and do there. (8 points)

_____

_____

_____

_____

_____

_____

_____

_____

_____

_____

b. Your friend wants to know more about how life in the country is different. Write him or her a note, comparing life in the country and the city. (8 points)

_____

_____

_____

_____

_____

_____

_____

_____

_____

_____

SCORE [   ]

TOTAL SCORE [/100]

French 3 Allez, viens!, Chapter 8

CHAPITRE 8

Circle the letter that matches the most appropriate response.

I. Listening
Maximum Score: 30

A. (10 points)

1. a b c d e
2. a b c d e
3. a b c d e
4. a b c d e
5. a b c d e

SCORE _____

B. (10 points)

6. a b
7. a b
8. a b
9. a b
10. a b

SCORE _____

C. (10 points)

11. a b
12. a b
13. a b
14. a b
15. a b

SCORE _____

II. Reading
Maximum Score: 30

D. (10 points)

16. a b
17. a b
18. a b
19. a b
20. a b

SCORE _____

E. (10 points)

21. a b
22. a b
23. a b
24. a b
25. a b

SCORE _____

F. (10 points)

26. a b c
27. a b c
28. a b c
29. a b c
30. a b c

SCORE _____

III. Culture
Maximum Score: 10

G. (10 points)

31. a b
32. a b
33. a b
34. a b
35. a b

SCORE _____

CHAPITRE 8

Nom _____ Classe _____ Date _____

IV. Writing

Maximum Score: 30

H. (6 points)

1. _____
   _____
2. _____
   _____
3. _____
   _____

SCORE [   ]

I. (8 points)

_____
_____
_____
_____
_____
_____
_____

SCORE [   ]

J. (16 points)

a. _____
   _____
   _____
   _____

b. _____
   _____
   _____
   _____

SCORE [   ]

TOTAL SCORE [   ] /100

French 3 Allez, viens!, Chapter 8

CHAPITRE 8

Listening Scripts for Quizzes • Chapitre 8

Quiz 8-1B Première étape

I. Listening

1. KARIM   Comme la vie est tranquille ici!
   AMIRA   C'est pas toujours tranquille, tu sais. Tu vois tous ces champs de blé?
   KARIM   Oui...
   AMIRA   Tout ce blé est presque prêt à être coupé! Et ça, c'est du travail!
2. KARIM   Qu'est-ce qu'ils font, ces gens-là?
   AMIRA   Ils sont en train de tondre les moutons. Après, ils vont aller vendre la laine.
3. KARIM   Regarde cette chèvre! Comme elle est amusante!
   AMIRA   Je t'avertis qu'elle est plutôt embêtante. Garde tes mains dans tes poches . Elle mange tout!
4. AMIRA   Si tu veux, repose-toi ici un moment. Je dois aller donner à manger aux poules.
   KARIM   Donner à manger aux poules? Ça doit être cool. Je peux t'aider?
5. KARIM   Et après, tu m'apprendras à traire les vaches, d'accord?
   AMIRA   Oui, mais je t'assure que tu ne trouveras pas ça tellement amusant.

Quiz 8-2B Deuxième étape

I. Listening

1. Tu sais, j'aimerais bien habiter à la campagne. En ville, c'est bruyant... tous ces bruits de voitures et de klaxons®. C'est trop stressant!
2. Tu as vu comme il m'a poussé? Et il ne m'a même pas demandé pardon! Je te dis, les gens sont de plus en plus mal élevés!
3. Oh là là! Regarde cet embouteillage! On va rester ici pendant des heures. La prochaine fois que tu veux aller en ville, on prend le métro, d'accord?
4. J'adore visiter les grandes villes! C'est une vraie aventure! Et tout est si impressionnant. J'aime surtout les gratte-ciel qui semblent vraiment toucher le ciel.
5. Je ne peux pas trouver de place de stationnement. Qu'est-ce que je vais faire? La prochaine fois, je prendrai le métro. C'est beaucoup plus commode!

ANSWERS Quiz 8-1A

A. (21 points: 3 points per item)
1. cueillette
2. artisanat
3. *Any two:* moutons, chameaux, chèvres
4. blé
5. traire
6. *Any one:* poules, chameaux, chèvres, moutons

B. (20 points: 2 points per item)
1. ferions
2. irais
3. pourrais
4. serait
5. visitais
6. aimerais
7. avaient
8. était
9. choisirais
10. auraient

C. (9 points: 3 points per item)
Answers will vary. Possible answers:
1. Embrasse-le / la pour moi.
2. Fais-lui mes amitiés.
3. Dis-lui que je pense à elle / lui.

ANSWERS Quiz 8-1B

I. Listening
A. (15 points: 3 points per item)
1. b
2. d
3. e
4. a
5. c

II. Reading
B. (20 points: 4 points per item)
1. She's been picking dates with her family.
2. Amina wants Simone to visit.
3. rugs, pottery, jewelry
4. feed chickens, milk cows
5. to Simone's family

III. Writing
C. (15 points: 5 points per item)
Answers will vary. Possible answers:
1. Si c'était possible, j'irais en France et au Maroc et j'y achèterais beaucoup de choses.
2. Ça serait chouette si mes amis et moi, nous pouvions passer les vacances en Suisse.
3. S'ils avaient le choix, mes parents ne travailleraient pas.

ANSWERS Quiz 8-2A

A. (12 points: 2 points per item)
1. élevés
2. embouteillage
3. stationnement
4. vélomoteur
5. gratte-ciel
6. piétons

B. (16 points: 2 points per item)
1. plus stressante que
2. plus bruyante que
3. moins tranquille que
4. aussi intéressante que
5. plus de bruit
6. moins d'arbres
7. plus de pollution
8. autant de choses intéressantes

C. (8 points: 2 points per item)
1. autant
2. plus
3. moins
4. aussi

D. (14 points: 2 points per item)
1. mieux
2. meilleure
3. meilleurs
4. mieux
5. meilleures
6. meilleure
7. mieux

ANSWERS Quiz 8-2B

I. Listening

A. (15 points: 3 points per item)
1. b
2. c
3. a
4. d
5. e

II. Reading

B. (20 points: 2 points per item)

	LIKES CITY	DISLIKES CITY	REASON
Nadine		X	too many people; people are in a hurry
Hassan	X		lively; likes skyscrapers
Amira		X	pollution; traffic
Nabil		X	noise
Leïla	X		lots to do; public transportation

III. Writing

C. (11 points)
Answers will vary.

IV. Culture

D. (4 points: 2 points per item)
1. A type of fez/hat worn by men in Tunisia.
2. The old part of the city where you can find narrow, winding streets, small shops, and open markets.

Scripts for Chapter Test • Chapitre 8

I. Listening

A. Chez moi, tout le monde travaille. La vie à la campagne, ce n'est pas facile! Ma mère se lève tôt ; alors, c'est elle qui donne à manger aux poules. Après, on doit traire les vaches. C'est un travail qu'on doit faire deux fois par jour. Ensuite, on prend le petit déjeuner. Pendant la journée, en saison, on récolte le blé. C'est un travail difficile mais important pour notre famille. Quand les figues sont en saison, on en fait la cueillette tous ensemble. Et puis, c'est mon frère cadet qui s'occupe des moutons et des chèvres. Il adore les animaux.

B. Comment est ma ville? Eh bien, elle est grande, mais moins que Tunis. Il y a, bien sûr, beaucoup de circulation. Il y a aussi beaucoup d'embouteillages, mais je pense que les gens sont moins pressés ici qu'à Tunis. C'est bizarre, non? Heureusement, il n'y a pas beaucoup de pollution dans notre ville. Dans vingt ans, peut-être. Pour le moment, j'aime beaucoup ma ville.

C. 11. — Il y a des embouteillages, bien sûr, mais les transports en commun sont pratiques. J'adore lire dans le bus ou dans le métro. Et les bus sont toujours à l'heure.

12. — Les gens sont toujours trop pressés et ils sont souvent mal élevés. Ils s'excusent rarement. J'en ai ras le bol!

13. — Il n'y a ni foule ni gratte-ciel. On respire toujours l'air pur et on travaille la terre. Et puis, j'adore les animaux.

14. — Il y a moins de monde, moins de stress mais il n'y a rien à faire le soir. Je trouve que c'est ennuyeux.

15. — Il y a trop de pollution et trop de bruit. Il n'y a jamais de place de stationnement et il y a souvent des embouteillages.

CHAPITRE 8

Answers to Chapter Test • Chapitre 8

I. Listening   Maximum Score: 30 points

A. (10 points: 2 points per item)
1. a
2. d
3. c
4. e
5. b

B. (10 points: 2 points per item)
6. a
7. b
8. b
9. b
10. a

C. (10 points: 2 points per item)
11. a
12. b
13. a
14. b
15. b

II. Reading   Maximum Score: 30 points

D. (10 points: 2 points per item)
16. b
17. b
18. a
19. a
20. a

E. (10 points: 2 points per item)
21. a
22. a
23. b
24. b
25. b

F. (10 points: 2 points per item)
26. a
27. b
28. a
29. c
30. b

III. Culture   Maximum Score: 10 points

G. (10 points: 2 points per item)
31. a
32. b
33. a
34. a
35. a

IV. Writing   Maximum Score: 30 points

H. (6 points: 2 points per item)
Answers will vary. Possible answers:
1. Non mais, surtout, ne vous gênez pas!
2. J'en ai ras le bol!
3. Non mais, vous vous prenez pour qui? C'est insupportable, à la fin!

I. (8 points)
Answers will vary. Possible answer:
Salut, Nadine! Ça va? Qu'est-ce que tu vas faire cet été? Ça serait chouette si tu pouvais venir ici. Qu'est-ce que j'aimerais te voir! On pourrait faire beaucoup de choses. Si c'était possible, je serais très contente! Fais mes amitiés à ta famille.

J. (16 points: 8 points per item)
Answers will vary. Possible answers:
a. C'est super à la campagne! On y élève des animaux et tu vas pouvoir traire les vaches ou donner à manger aux poules. On y cultive le blé. Tu vas peut-être voir aussi la cueillette des dattes ou des olives. Tu peux aussi acheter des tapis ou des bijoux des artisans.
b. La ville est plus stressante que la campagne. En ville, il y a plus de gens pressés et plus de pollution. Il y a trop d'embouteillages. La campagne est plus tranquille. Moi, je préfère passer mes vacances à la campagne.

CHAPITRE 8

9 C'est l'fun!

Quiz 9-1A

Maximum Score: 50/100

■ PREMIERE ETAPE

Grammar and Vocabulary

A. You're watching TV with your Canadian host family. Complete these statements made by various family members with the appropriate expression from the box below. (15 points)

> ■ le programme télé   le son   un magnétoscope   la télécommande
> ■ l'écran   le téléviseur   une chaîne

1. La télé est trop fort. Tu pourrais baisser _____, s'il te plaît?

2. J'adore zapper *(to channel surf)* et j'ai toujours _____ en main.

3. J'ai loué une cassette vidéo. Si tu as _____ on peut la regarder ce soir.

4. Je voudrais savoir ce qu'il y a à la télé ce soir. Où est _____?

5. Je préfère aller voir des films au cinéma où _____ est plus grand.

SCORE ☐

B. Based on what your friends say, suggest what they should watch on TV. (15 points)

1. — J'aimerais savoir quel temps il va faire demain.

   — Tu devrais regarder _____.

2. — J'aime beaucoup le sport.

   — Tu devrais regarder _____.

3. — J'aime savoir ce qui se passe dans le monde.

   — Tu devrais regarder _____.

4. — J'adore la musique.

   — Tu devrais regarder _____.

5. — J'adore les vieux trucs de Walt Disney®.

   — Tu devrais regarder _____.

SCORE ☐

Quiz 9-1A

C. Your friend Fabien is grumbling about not finding anyone to go to the movies with him and is deciding what to do. Complete his monologue based on the cues provided. (20 points)

Je (1) _____ ai _____ vu le dernier film de Spielberg et j'ai grande
(not yet)

envie de le voir, mais tous mes amis l'ont déjà vu et (2) _____ veut aller
(no one)

le revoir. Bon, je peux toujours regarder la télévision. Mais où est le programme télé?

Je (3) _____ le vois _____ ... Ah, le voilà. Hmm...
(nowhere)

il (4) _____ y a _____ d'intéressant comme émission.
(nothing)

Je (5) _____ aime _____ les feuilletons _____
(neither . . . nor)

les jeux télévisés. Bon... Je vais aller voir le dernier Spielberg. Tant pis si j'y vais tout seul.

SCORE [____]

TOTAL SCORE [____] /50

Nom _____ Classe _____ Date _____

C'est l'fun!

Quiz 9-1B

■ PREMIERE ETAPE

Maximum Score: 50/100

I. Listening

A. Listen to Danielle and Fabien talk about what is on TV. Do they **a) agree** or **b) disagree** with each other? (15 points)

1. _____ 2. _____ 3. _____ 4. _____ 5. _____   SCORE [ ]

II. Reading

B. Your friend Patricia did not enjoy a recent week alone with her little brother Thierry. Read what she wrote about it in her journal. Then answer the questions in English. (14 points)

> La semaine dernière, Papa et Maman sont partis pendant huit jours en nous laissant seuls, Thierry et moi. Quel enfant impossible! La seule chose qu'il veut faire, c'est de se planter devant la télévision. En plus, il pense que la télé n'appartient qu'à lui seul. Le matin, il regarde ses dessins animés et l'après-midi ses jeux télévisés. Il n'aime ni les feuilletons ni les films. Le soir, il ne veut regarder que des vidéoclips. Si je change de chaîne, il boude. Samedi, Papa a téléphoné pour savoir si tout allait bien et Thierry lui a dit que je ne le laissais pas regarder la télévision et que j'étais méchante avec lui. Et Papa s'est fâché contre moi! Alors, samedi soir, j'étais obligée de laisser Thierry choisir toutes les émissions. Mais, j'ai eu ma vengeance! Pendant la nuit, j'ai caché la télécommande et le programme télé. Alors, dimanche matin, il était obligé de changer de chaîne en se servant des boutons sur la télévision. Il devait se lever chaque fois pour changer de chaîne. Il était tellement énervé! Finalement, au bout d'une demi-heure, il est parti jouer avec ses copains et je pouvais faire comme je voulais. Je sais que c'était plutôt méchant de ma part mais maintenant il sait qu'il ferait mieux de me laisser tranquille et de ne pas raconter n'importe quoi à Papa!

1–3. What three types of programs does Thierry like to watch?

_____

4–5. What two programs does he not like to watch?

_____

6. What does Thierry tell his father?

_____

7. How does his sister get even?

_____

SCORE [ ]

✳ Quiz 9-1B

III. Writing

C. You're watching TV with your friend Luc. Write a sentence agreeing or disagreeing with each of his statements. (4 points)

1. Pour moi, la publicité n'a aucun intérêt.

_____

2. Les informations, c'est nul!

_____

SCORE [＿＿＿]

D. You and your friend are trying to decide what to watch on TV. Write a conversation in which you both disagree on at least four different types of programs before you finally agree on what to watch. (12 points)

_____

_____

_____

_____

_____

_____

_____

_____

_____

SCORE [＿＿＿]

IV. Culture

E. Complete the following statements about television in Canada. (5 points)

There are _____ national television networks, along with commercially operated

networks such as _____ and _____. Radio programming is

mainly offered in two languages: _____ and _____.

SCORE [＿＿＿]

TOTAL SCORE [＿＿ /50]

CHAPITRE 9

C'est l'fun!

DEUXIEME ETAPE

Maximum Score: 50/100

Grammar and Vocabulary

A. Danielle is talking about some movies she has seen. Complete her statements with **qui, que,** or **dont.** (30 points)

1. C'est l'histoire d'un petit garçon _____ la famille part en voyage.

   Ses parents, _____ sont très occupés le matin du départ, ne remarquent pas

   _____ leur fils n'est pas avec eux. C'est très amusant!

2. C'est l'histoire d'un jeune homme et d'une jeune fille _____ tombent

   amoureux mais _____ les familles se détestent. Le jeune homme est

   obligé de quitter la ville et la jeune fille reste avec ses parents. C'est une histoire

   _____ finit mal et les deux jeunes se suicident à la fin.

3. C'est l'histoire de deux hommes. Bruel, _____ est flic, et Barry,

   _____ est détective, sont obligés de travailler ensemble pour arrêter

   des terroristes.

4. Dans ce film, _____ se passe pendant la Seconde Guerre mondiale, les

   Japonais forcent des soldats anglais à travailler sur la construction d'un pont. A la fin, le

   pont _____ ils ne voulaient pas construire devient une source de fierté

   pour les Anglais.

SCORE [ ]

B. What kinds of films did Danielle see? Read the plots of the films in Activity A and identify the genre of each film. (8 points)

1. _____
2. _____
3. _____
4. _____

SCORE [ ]

Quiz 9-2A

C. Lucie is talking to her friend about the movie she saw the previous evening. Complete their conversation using the cues provided. (12 points)

— J'ai loué la cassette vidéo *Home Alone* hier soir.

— Ah, oui? **(1)** _____?
       (What's it about)

— **(2)** _____ un garçon qui se retrouve
              (It's about)

   tout seul à la maison après le départ en vacances de sa famille.

   (3) _____ aux Etats-Unis.
              (It takes place)

— **(4)** _____?
              (How does it start)

— **(5)** _____, toute la famille s'apprête à partir en
              (At the beginning)

   vacances mais les parents sont tellement occupés qu'ils ne remarquent pas qu'un de leurs

   enfants est resté à la maison.

— Le pauvre garçon!

— Mais non, il n'a pas peur, lui. De toute façon, **(6)** _____
                                                              (at the end)

   ses parents rentrent et tout finit bien.

SCORE [   ]

TOTAL SCORE [/50   ]

Nom _____ Classe _____ Date _____

C'est l'fun!

DEUXIEME ETAPE

I. Listening

Maximum Score: 50/100

A. Listen as these teenagers talk about movies they've seen and indicate what kind of film each of them is describing. (12 points)

1. _____

2. _____

3. _____

4. _____

5. _____

6. _____

a. une comédie

b. un film de science-fiction

c. un western

d. un film historique

e. un film d'horreur

f. un film étranger

SCORE _____

II. Reading

B. Your Canadian pen pal wrote to tell you about a movie she saw recently. Read her letter and then answer the questions on page 198 in English. (20 points)

> Ça s'appelle «Les Quatre cents coups». C'est un film étranger. Tu le trouveras peut-être en vidéo. C'est un film en noir et blanc qui raconte l'histoire d'un adolescent parisien. Ça se passe dans les années 60. Antoine (c'est le héros du film) n'est pas très heureux dans sa famille et son copain François et lui font beaucoup de choses qu'ils ne devraient pas faire. Ils se promènent dans Paris au lieu d'aller à l'école. Antoine aime beaucoup le cinéma. C'est un film qui est à la fois drôle et triste. C'est intéressant parce que c'est le point de vue d'un enfant dans un monde d'adultes. Je ne me suis pas ennuyée une seconde. C'est génial comme film.

✳ Quiz 9-2B

1. What type of movie is this?

_____

2. Who is the main character? What is he like?

_____

3. Where and when does the movie take place?

_____

4. What is the movie about?

_____

_____

5. What does your pen pal like about the movie?

_____

SCORE [　　　]

III. Writing

C. Write a letter to your pen pal describing two movies you've seen recently. Choose one you liked and one you didn't like. Describe each movie in detail, give your opinion of it, and either recommend it or advise against it. (18 points)

_____

_____

_____

_____

_____

_____

_____

_____

_____

_____

SCORE [　　　]

TOTAL SCORE [　　] /50

C'est l'fun!

Chapter Test

I. Listening

Maximum Score: 30

A. Listen as Michèle reads the descriptions of several television programs to her friend. Decide what type of program she is describing. (10 points)

_____ **1. a.** a comedy   **c.** a documentary
         b. a cartoon   **d.** a sportscast

_____ **2. a.** a documentary   **c.** a series
         b. a game show   **d.** the weather forecast

_____ **3. a.** a comedy   **c.** a documentary
         b. a cartoon   **d.** a sportscast

_____ **4. a.** a comedy   **c.** a game show
         b. a cartoon   **d.** a sportscast

_____ **5. a.** news   **c.** a series
         b. music videos   **d.** the weather forecast

SCORE _____

B. A local TV reporter is interviewing people as they come out of the movie. Listen to their remarks and decide whether each speaker **a) liked** or **b) disliked** the movie. (10 points)

6. _____

7. _____

8. _____

9. _____

10. _____

SCORE _____

CHAPITRE 9

Chapter Test

C. Listen as Julie and Clément discuss what is on TV tonight. Then decide whether these statements are **a) true** or **b) false.** (10 points)

_____ 11. The TV guide is on the videocassette recorder.

_____ 12. Julie doesn't like cartoons.

_____ 13. *Les Pierrafeu®* is a documentary.

_____ 14. *Deux flics à Miami* is a sportscast.

_____ 15. *Carte verte* is a war movie about an American guy who falls in love with a French girl.

SCORE [   ]

II. Reading

Maximum Score: 30

D. Some friends are talking about what's on television. Read their conversations and decide whether the second speaker **a) agrees, b) disagrees,** or **c) expresses indifference** about the program. (10 points)

_____ 16. — Ce soir, il y a une émission de variétés à la télé. Les émissions de variétés, c'est nul.
— Tu l'as dit!

_____ 17. — Tiens, regarde! Ce soir, il y a *Classiques de golf.* C'est chouette, non? On regarde ça?
— Ça m'est vraiment égal.

_____ 18. — Oh là là! Encore des pubs! Je commence à en avoir marre, moi! Toutes les pubs sont nulles!
— Tu sais, tu as tort de dire ça. Il y en a qui sont très bien faites.

_____ 19. — Ce soir, on regarde un magazine télévisé : *Le Journal de la semaine.*
— Tu te fiches de moi? Je t'ai déjà dit qu'il y a un téléfilm que je veux voir. Toi, tu peux regarder ton émission chez Eric.
— Tu rigoles! C'est pas ta télé! Maman!

_____ 20. — Voyons... il y a un jeu télévisé ou une série qui commence dans dix minutes. Qu'est-ce que tu en penses?
— Peu importe. Comme tu veux.

SCORE [   ]

E. Read the following television guide. Then decide whether the statements are **a) true** or **b) false.** (10 points)

Heure	Chaîne	Emission
16.00	•CBS	**Our Day and Time.** Feuilleton américain. Une femme de tête. Deuxième partie. Melissa ne va pas mieux. Elle se comporte toujours aussi bizarrement...
16.35	•13	**Plages vertes.** Drame policier. Mémoire d'un portrait. Qui a tué Juliette? La solution se trouve dans son portrait...
17.00	•TSN	**Football.** Coupe d'Europe des clubs champions premier tour.
17.10	•CBS	**Des chiffres et des lettres.** Jeu télévisé.
17.35	•13	**Animaniacs.** Dessin animé.
17.55	•RDS	**Tramways du monde.** Série documentaire allemande. **Lisbonne, ligne 28.** Le plus ancien tramway d'Europe.
18.05	•CBS	**Flash Info.**
18.10	•13	**Le Jeu!** Jeu présenté par William Lemergie. Deux familles de quatre personnes répondront aux questions de l'animateur.
18.35	•CBS	**Pour l'amour du risque.** Série américaine.
19.30	•6	**6 minutes.** Météo, finances et informations locales.
20.40	•CTV	**La Maison de Russie.** Film d'espionnage américain avec Sean Connery qui joue un Britannique qui possède une maison d'édition sur le déclin. Passionné de littérature russe, il voyage souvent en Russie où il fait la connaissance de Dante, un scientifique tourmenté et génial. A Moscou, Blair fait la connaissance de Katia (Michelle Pfeiffer), l'intermédiaire de Dante. Il tombe tout de suite amoureux d'elle...
22.45	•RDS	**CANADA Aujourd'hui.** Magazine littéraire de Patrick Lavalier et Annick Depuis. Sujet : Peut-on faire confiance à la justice?

_____ 21. _Plages vertes_ is a soap opera.

_____ 22. If you want to find out the weather, you should watch _6 minutes._

_____ 23. There are no cartoons listed.

_____ 24. _La Maison de Russie_ is a war movie.

_____ 25. _Tramways du monde_ is a documentary.

SCORE [   ]

Chapter Test

F. Your friends want to see a movie tonight. Read the movie listings and what your friends say they like. Choose the movie that would be best for each of them, according to what they say. (10 points)

---

a. LE BALLON D'OR   Comédie française en couleurs avec Aboubacar Sidiki Soumah, Habib Hamoud, Mairam Kaba, Aboubacar Koita, Salif Keita.

Un jeune garçon africain rêve de devenir joueur de football professionnel. Conte inspiré par l'histoire du grand footballeur Salif Keita, présent dans le film. Avec l'aide d'un entraîneur et d'un amoureux de ce sport, le garçon se retrouve dans l'équipe de Saint-Etienne. Un vrai conte de fées.

b. UN JOUR SANS FIN   Comédie américaine en couleurs avec Bill Murray, Andie MacDowell, Chris Elliott.

Dans une petite ville, un présentateur météo découvre qu'il revit indéfiniment la même journée. Cette situation extraordinaire lui donne des frustrations aussi bien que des joies, surtout avec sa jolie productrice, de qui il est tombé amoureux. Un conte de fées romantique et tendre.

c. L'INCROYABLE VOYAGE   Film d'aventures américain en couleurs avec Robert Hays, Kim Greist, Jean Smart, Veronica Lauren.

Deux chiens et une chatte essaient de retrouver leurs maîtres au cours d'un voyage incroyable. Leur aventure est pleine d'embûches et de rires. Les animaux domestiques prennent la parole avec les voix de Jean Reno, Christian Clavier et Valérie Lemercier.

_____ 26. "I enjoy adventure films."

_____ 27. "My favorite films are romantic comedies."

_____ 28. "I love animals, especially dogs."

_____ 29. "I like movies based on true stories."

_____ 30. "I like movies about sports."   SCORE _____

III. Culture

Maximum Score: 10

G. Decide whether the following statements are **a) true** or **b) false.** (10 points)

_____ 31. The Canadian film industry is a major producer of non-fiction and non-commercial films.

_____ 32. Montreal is the second largest French-speaking city in the world.

_____ 33. There are five national television networks in Canada.

_____ 34. The **Réseau de télévision** is a government-owned television network.

_____ 35. Montreal is a major port for the province of Quebec.

SCORE _____

IV. Writing

Maximum Score: 30

CHAPITRE 9

H. Look at the following illustrations. How would you ask these people to be quiet? (6 points)

1.
   _____
   _____
   _____
   _____

2.
   _____
   _____
   _____
   _____

3.
   _____
   _____
   _____
   _____

SCORE [ ]

Chapter Test

I. What types of television programs or movies do you enjoy or not enjoy watching? In French, name at least five types of programs and tell why you like or dislike them. (10 points)

_____

_____

_____

_____

_____

_____

_____

SCORE [   ]

J. What was the last movie you saw? Would you recommend it to your friends? Describe the plot in detail, and tell what you thought of it. (14 points)

_____

_____

_____

_____

_____

_____

_____

_____

_____

_____

_____

_____

_____

_____

_____

_____

SCORE [   ]

TOTAL SCORE [/100   ]

Circle the letter that matches the most appropriate response.

I. Listening
Maximum Score: 30

A. (10 points)

1. a b c d
2. a b c d
3. a b c d
4. a b c d
5. a b c d

SCORE [ ]

B. (10 points)

6. a b
7. a b
8. a b
9. a b
10. a b

SCORE [ ]

C. (10 points)

11. a b
12. a b
13. a b
14. a b
15. a b

SCORE [ ]

II. Reading
Maximum Score: 30

D. (10 points)

16. a b c
17. a b c
18. a b c
19. a b c
20. a b c

SCORE [ ]

E. (10 points)

21. a b
22. a b
23. a b
24. a b
25. a b

SCORE [ ]

F. (10 points)

26. a b c
27. a b c
28. a b c
29. a b c
30. a b c

SCORE [ ]

III. Culture
Maximum Score: 10

G. (10 points)

31. a b
32. a b
33. a b
34. a b
35. a b

SCORE [ ]

CHAPITRE 9

IV. Writing

Maximum Score: 30

H. (6 points)

1. _____

   _____

2. _____

   _____

3. _____

   _____

SCORE [ ]

I. (10 points)

_____

_____

_____

_____

_____

_____

_____

SCORE [ ]

J. (14 points)

_____

_____

_____

_____

_____

_____

_____

_____

_____

_____

_____

SCORE [ ]

TOTAL SCORE [/100]

Listening Scripts for Quizzes • Chapitre 9

Quiz 9-1B Première étape

I. Listening

  1.   FABIEN   Tu as vu ce film? Il est super!

          DANIELLE   Tu te fiches de moi? C'était mortel, ce film!

  2.   FABIEN   Qu'est-ce que tu regardes?

          DANIELLE   Tu sais bien que je regarde toujours mon feuilleton préféré à cette heure-ci! Tu veux le regarder? Il est chouette!

          FABIEN   Tu rigoles! Tu sais que je trouve les feuilletons bêtes comme tout.

  3. DANIELLE   Tu connais le film *La Chèvre?* On le passe ce soir à la télé. C'est très rigolo!

          FABIEN   Tu l'as dit! On le passe à quelle heure?

  4.   FABIEN   Encore une pub! On dirait qu'ils passent une pub toutes les cinq minutes! J'en ai marre!

          DANIELLE   Tu as raison. Et ils interrompent toujours le film au moment du plus grand suspense. Ça m'énerve!

  5. DANIELLE   Elle est vraiment barbante, cette série. Tu l'as vue? Je ne l'aime pas du tout.

          FABIEN   Oui, tu as raison. Elle est trop bête!

Quiz 9-2B Deuxième étape

I. Listening

1. Ça m'a vraiment fait peur! Une famille achète une maison et on découvre que la maison est peuplée de monstres.
2. J'ai adoré le film *Cinéma Paradiso.* C'est un film italien mais il y a des sous-titres.
3. Ça se passe au temps de Louis XIV. J'ai surtout adoré les costumes.
4. C'est un navet. Je trouve ces histoires de cow-boys vraiment bêtes.
5. Tu devrais aller le voir. C'est l'histoire de trois astronautes qui se trouvent sur une autre planète.
6. Ça m'a beaucoup plu. Ça m'a bien fait rire.

ANSWERS Quiz 9-1A

A. (15 points: 3 points per item)
1. le son
2. la télécommande
3. un magnétoscope
4. le programme télé
5. l'écran

B. (15 points: 3 points per item)
1. la météo
2. un reportage sportif
3. les informations
4. des vidéoclips
5. des dessins animés

C. (20 points: 4 points per item)
1. n'... pas encore
2. personne ne
3. ne... nulle part
4. n'... rien
5. n'... ni... ni

ANSWERS Quiz 9-1B

I. Listening
   A. (15 points: 3 points per item)
      1. b 2. b 3. a 4. a 5. a

II. Reading
   B. (14 points: 2 points per item)
      1–3. cartoons, game shows, music videos
      4–5. soap operas, movies
      6. that his sister is mean and won't let him watch TV
      7. She hides the TV guide and the remote control.

III. Writing
   C. (4 points: 2 points per item)
      Answers will vary. Possible answers:
      1. Tu l'as dit!
      2. Tu as tort! Moi, j'aime bien les informations!

   D. (12 points)
      Answers will vary. Possible answer:
      — Alors, qu'est-ce qu'on regarde ce soir?
      — Il y a un vieux film de Truffaut à huit heures. Ça te dit?
      — Tu rigoles! Les vieux films, c'est barbant! Regardons plutôt la série *Dr. Quinn*.
      — Tu te fiches de moi? Elle est trop bête, cette série! Ça te dit de regarder un jeu télévisé? Il y a toujours *Des chiffres et des lettres!*
      — Oh, non, ça ne me dit rien. Et ce feuilleton, alors? Tu les aimes, les feuilletons?
      — *Emilie, la passion d'une vie...* Oui, bon d'accord.

IV. Culture
   E. (5 points: 1 point per item)
      Order may vary.
      There are <u>two</u> national television networks, along with commercially operated networks such as <u>CTV</u> and **Réseau de télévision**. Radio programming is mainly offered in two languages: <u>French</u> and <u>English</u>.

ANSWERS Quiz 9-2A

A. (30 points: 3 points per item)
1. dont, qui, que
2. qui, dont, qui
3. qui, qui
4. qui, qu'

B. (8 points: 2 points per item)
Answers may vary. Possible answers:
1. une comédie
2. un film d'amour/un drame
3. un film d'espionnage/un film policier
4. un film de guerre

C. (12 points: 2 points per item)
Answers may vary. Possible answers:
1. De quoi ça parle?
2. Ça parle d'/C'est l'histoire d'/Il s'agit d'
3. Ça se passe
4. Comment est-ce que ça commence?
5. Au début
6. à la fin

ANSWERS Quiz 9-2B

I. Listening

A. (12 points: 2 points per item)
1. e
2. f
3. d
4. c
5. b
6. a

II. Reading

B. (20 points; 4 points per item)
Answers may vary. Possible answers:
1. a foreign film
2. Antoine; He's an unhappy adolescent who likes movies.
3. It takes place in Paris in the sixties.
4. It's about an unhappy boy named Antoine. He and his friend François walk around Paris instead of going to school.
5. She thought the movie was interesting because it showed a child's viewpoint in a world of adults.

III. Writing

C. (18 points)
Answers will vary.

Scripts for Chapter Test • Chapitre 9

I. Listening

A.
1. A quatre heures moins le quart, il y a un dessin animé, *Les Jetsons®.* Tu aimes ça, toi, les dessins animés?
2. Après, à six heures vingt-cinq, il y a un documentaire sur Elvis à Hollywood. Il s'agit d'extraits de ses films et de la découverte de documents inédits.
3. Voyons, à six heures et demie, il y a un match de football. Ça te plaît, le foot?
4. Avant le match, il y a le jeu télévisé *Le Juste Prix.* C'est un jeu où des gens doivent deviner le prix de certains produits.
5. On peut aussi regarder des vidéoclips. Il y en a beaucoup à cette heure-ci. Qu'en penses-tu?

B.
6. — Quel film! Ça m'a beaucoup plu!
7. — Je ne me suis pas ennuyé une seconde.
8. — Tu sais, ça ne m'a pas emballé.
9. — A mon avis, c'est lourd.
10. — C'est un film à ne pas manquer!

C.

JULIE	Qu'est-ce qu'il y a à la télé ce soir, Clément?
CLEMENT	Je ne sais pas. Passe-moi le programme télé que je regarde. Il est sur le magnétoscope.
JULIE	Il est où? Je ne le trouve pas.
CLEMENT	Je crois qu'il est sur le magnétoscope, à côté du téléviseur.
JULIE	Ah, oui, le voilà.
CLEMENT	Il est quelle heure, au fait?
JULIE	Il est huit heures moins cinq. J'ai envie de regarder quelque chose d'amusant, moi. Qu'est-ce qu'il y a?
CLEMENT	Il y a un dessin animé, *Les Pierrafeu.* C'est très amusant!
JULIE	Tu rigoles? Les dessins animés, c'est nul!
CLEMENT	Bon, qu'est-ce qu'il y a d'autre? Voyons, à huit heures et demie, il y a une série américaine, *Deux flics à Miami.* Ou bien, on pourrait regarder *Carte verte.* C'est l'histoire d'un Français qui veut obtenir une carte verte pour travailler aux Etats-Unis. La solution : se marier avec une Américaine. Ça a l'air intéressant. Qu'est-ce que tu en dis?
JULIE	Oh, ça m'est égal. A quelle heure commence le film?
CLEMENT	A neuf heures. Ecoute, on peut regarder *Deux flics à Miami* et quand ça sera fini, on regardera *Carte verte.* En attendant, on regarde les informations, d'accord?
JULIE	D'accord.

Answers to Chapter Test • Chapitre 9

I. Listening   Maximum Score: 30 points

A. (10 points: 2 points per item) **B.** (10 points: 2 points per item) **C.** (10 points: 2 points per item)

1. b	6. a	11. a
2. a	7. a	12. a
3. d	8. b	13. b
4. c	9. b	14. b
5. b	10. a	15. b

II. Reading   Maximum Score: 30 points

D. (10 points: 2 points per item) **E.** (10 points: 2 points per item) **F.** (10 points: 2 points per item)

16. a	21. b	26. c
17. c	22. a	27. b
18. b	23. b	28. c
19. b	24. b	29. a
20. c	25. a	30. a

III. Culture   Maximum Score: 10 points

G. (10 points: 2 points per item)

31. a
32. a
33. b
34. b
35. a

IV. Writing   Maximum Score: 30 points

H. (6 points: 2 points per item)   **I.** (10 points)   **J.** (14 points)
Answers may vary. Possible   Answers will vary.   Answers will vary.
answers:
1. Baisse le son!
2. Vous pourriez vous taire,
   s'il vous plaît?
3. Tu pourrais faire moins
   de bruit?

Nom _____ Classe _____ Date _____

10 Rencontres au soleil

■ PREMIÈRE ÉTAPE

Grammar and Vocabulary

A. You're creating a brochure about scuba diving in Guadeloupe for **Club Mer.** List, in French, five kinds of marine life that one might see there. (15 points)

1. _____

2. _____

3. _____

4. _____

5. _____

SCORE ☐

B. Odile is telling Tanya who in her group of friends is good at certain things. Tanya responds by saying that someone else is the best in that area. Complete Tanya's remarks with the appropriate superlative form. (20 points)

— Il est intelligent, Maxime.

— Oui, mais Karim et Anne sont **(1)** _____ du groupe.

— Jean-Luc est très sportif, n'est-ce pas?

— Oui, mais Janine est **(2)** _____ du groupe.

— Regarde comme elle court vite, Evelyne.

— Oui, mais c'est Pascal qui court **(3)** _____ de tous.

— Et Marcel, il joue bien au volley-ball?

— Oui, mais c'est Pascal qui joue **(4)** _____.

— Pourtant, Marcel est un très bon athlète.

— Oui, mais Edouard est **(5)** _____ athlète du groupe.

SCORE ☐

Quiz 10-1A

C. How could you respond if a friend said these things to you? Choose the most appropriate response. (15 points)

_____ 1.

a. Oh, j'en ai vu d'autres.

b. Ben, ça peut arriver à tout le monde.

c. Alors là, tu m'épates!

_____ 2.

a. Oh, j'en ai vu d'autres.

b. Arrête de m'embêter!

c. Oh, ça va, hein?

_____ 3.

a. C'est vrai. C'est moi qui chante le mieux.

b. Je t'ai pas demandé ton avis.

c. Alors là, tu m'épates!

_____ 4.

a. Oh, arrête de te vanter.

b. Ben, ça peut arriver à tout le monde.

c. Lâche-moi, tu veux?

_____ 5.

a. Oh, j'en ai vu d'autres.

b. Tu en as, du courage!

c. Qu'est-ce que tu en sais, toi?

SCORE [   ]

TOTAL SCORE [   ] /50

French 3 Allez, viens!, Chapter 10

Quiz 10-1B

Maximum Score: 50/100

■ PREMIERE ETAPE

I. Listening

A. Brigitte is telling her friends all about her trip to Guadeloupe. Choose the illustration that best describes each of her comments. (15 points)

a.

b.

c.

d.

e.

f.

1. _____
2. _____
3. _____
4. _____
5. _____

SCORE [ ]

II. Culture

B. Describe the climate of Guadeloupe. What do you think you can see and do there, given the climate? (5 points)

_____

_____

SCORE [ ]

III. Reading

C. Thierry went on a class trip to Guadeloupe. Read his letter to his friend Françoise and her reply. Then answer, in English, the questions on page 216. (15 points)

> Salut, Françoise!
>
> Me voilà sur une belle plage de la Guadeloupe! Tu sais, hier, j'ai fait de la plongée. Au fond de la mer, j'ai vu beaucoup de choses magnifiques : du corail, des poissons de toutes les couleurs, des homards, bref, toutes sortes de choses. Mais tout d'un coup, je me suis retrouvé devant une pieuvre énorme. Elle était aussi grosse qu'une voiture! Elle a commencé à s'avancer vers moi, mais je n'ai pas eu peur. Tu sais, c'est pas pour me vanter, mais je suis vraiment le meilleur en plongée, et puis, je n'ai peur de rien. Je suis resté calme, je n'ai pas bougé et elle est partie. Au fait, je rentre dans quinze jours. Ça te dit d'aller au cinéma avec moi? Et puis, je pourrais te raconter mon voyage. Tchao!

<table>
</table>

Cher Thierry,

Non mais, tu te fiches de moi? Ma mère a eu ta mère au téléphone et il paraît que tu t'es fait piquer par une méduse le jour de ton arrivée. J'ai aussi appris que, du coup, tu ne veux même plus aller te baigner. Alors, ta pieuvre, c'est à l'hôtel que tu l'as vue? Arrête de délirer! Si tu arrêtes de te vanter, je veux bien aller au cinéma avec toi. Tchao!

Françoise

1. What are three things Thierry said he saw while he was scuba diving?

2. What happened all of a sudden, according to Thierry?

3. What does Thierry brag about?

4. Why does Françoise tease Thierry?

5. Under what condition will Françoise accept Thierry's invitation?

SCORE

IV. Writing

D. Pascal is smitten with Angèle and he is talking to Maxime about how wonderful she is. Imagine their conversation. Pascal brags about Angèle and Maxime teases him about how silly he is. You should write at least five sentences. (15 points)

SCORE

TOTAL SCORE /50

Rencontres au soleil

■ **DEUXIEME ETAPE**

Maximum Score: 50/100

Grammar and Vocabulary

A. Michel has just returned from his vacation. Much has happened in his absence and his friend Julie is trying to fill him in. Every time Julie starts to tell him something, Michel interrupts to guess what happened. Complete what Michel says with a logical expression. (20 points)

Exemple — Tu sais, Fabrice a emprunté la voiture de ses parents et devine...
— **Il a embouti leur voiture, n'est-ce pas?**

1. — Tu te souviens comme il était gros, Fabien? Figure-toi que...

   _____

2. — Marie n'a jamais aimé son appartement, alors...

   _____

3. — Julien est tombé en faisant du ski en Suisse et...

   _____

4. — Tu sais, Julien et Bruno ne se parlent plus parce que...

   _____

5. — Tu te souviens comme Ophélia avait toujours des boutons. Eh bien...

   _____

SCORE ☐

B. Michel's little sister told him what happened between Benoît and Delphine during his absence. Now Michel is repeating the news to Julie. Complete his statements with the appropriate past perfect forms of the verbs in parentheses. (15 points)

Ma sœur m'a dit hier que Benoît et Delphine **(1)** _____ *(casser)*.

Est-ce vrai? Evidemment, la semaine d'avant, Delphine **(2)** _____

(voir) Benoît avec une autre fille et elle **(3)** _____

(se fâcher). Alors, elle **(4)** _____ *(commencer)* à sortir

avec un autre garçon. Finalement, Benoît lui a demandé pardon et il lui a dit qu'il

(5) _____ *(décider)* de ne plus voir l'autre fille.

SCORE ☐

C. Benoît is trying everything to win Delphine back, but something always goes wrong. Tell what happened using the past perfect forms of the verbs provided. (15 points)

Hier matin, Benoît a téléphoné à Delphine mais elle **(1)** _____

(partir). Alors, à midi, il est allé au magasin où elle travaillait pour l'inviter à déjeuner, mais

elle **(2)** _____ *(accepter)* une autre invitation. Hier soir, il lui a

téléphoné pour l'inviter à aller au cinéma mais elle **(3)** _____ *(sortir)*

avec des amies. Pauvre Benoît! A minuit, il a téléphoné chez Delphine mais elle

(4) _____ *(ne pas rentrer)*. Comme il était triste! Et Delphine? Eh bien, il

paraît qu'elle était triste aussi. Donc, en rentrant chez elle, elle a téléphoné à Benoît, mais il

(5) _____ *(se coucher)!*

SCORE ☐

TOTAL SCORE ☐ /50

CHAPITRE 10 Rencontres au soleil

■ DEUXIEME ETAPE

I. Listening

A. A lot of things happened while Alain was on vacation. Upon his return, his friend tells him all the news. Indicate whether each thing that happened was **a) good** or **b) bad.** (15 points)

1. _____   2. _____   3. _____   4. _____   5. _____

SCORE [   ]

II. Reading

B. Madame Lavoisier is visiting her sister for a week. She calls home and speaks to her son Jean. Read their conversation and answer the questions that follow in English. (20 points)

JEAN	Allô!
MADAME LAVOISIER	Bonjour, Jean! Ça va, mon petit? Quoi de neuf?
JEAN	Ah bonjour, Maman! Tout va bien ici. Papa va sortir de l'hôpital cet après-midi.
MADAME LAVOISIER	Comment? Il est à l'hôpital?
JEAN	Oui, mais il s'est juste cassé le pied, c'est tout. Ne t'en fais pas, Maman. C'est pas grave.
MADAME LAVOISIER	Il s'est cassé le pied! Mais comment?
JEAN	Ben, en fait, c'est la faute de Véronique. Papa et elle étaient partis faire un tour dans sa nouvelle voiture, mais en revenant, elle l'a emboutie. Si tu avais vu ça... Quel accident! Véronique n'est pas blessée, mais la voiture est bonne pour la casse.
MADAME LAVOISIER	Oh là là! Mais... de quelle nouvelle voiture est-ce que tu parles?
JEAN	Ben, celle qu'elle a gagnée à *La Roue de la fortune!* Elle était super, Maman! Quel dommage qu'elle l'ait emboutie!
MADAME LAVOISIER	Oh là là! C'est pas possible!
JEAN	Ah! Ah! Tu as raison, c'est pas possible parce que c'est pas vrai! Je t'ai bien eue, hein? Elle était bien bonne, non?
MADAME LAVOISIER	Jean! Tu n'es vraiment pas drôle. Attends un peu que je revienne et tu vas voir...

1. According to Jean, where is his father and why?

_____

2. How did Véronique get a new car?

_____

Quiz 10-2B

3. What happened to Véronique and her father?

_____

_____

4. Why does Jean's mother get angry with him?

_____

_____

SCORE _____

III. Writing

C. You phone your friend Jeannette who moved away a few weeks ago. Write a conversation in which you tell her what happened to the people in these illustrations. (15 points)

Magali

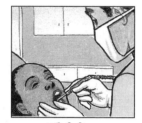
Thérèse

Etienne

_____

_____

_____

_____

_____

_____

_____

_____

_____

_____

SCORE _____

TOTAL SCORE _____ /50

10 Rencontres au soleil

I. Listening

Maximum Score: 28

A. Listen as Germain tells about his trip to Guadeloupe. Then decide whether these statements are **a) true** or **b) false.** (8 points)

_____ 1. He bragged that he was the best scuba diver in his family.

_____ 2. Germain saw coral, seahorses, and jellyfish while scuba diving.

_____ 3. He saw an octopus during his trip.

_____ 4. Germain saw a dangerous shark while scuba diving.

SCORE [ ]

B. Listen as Amina tells her friend Thao what has happened while he was on vacation. Put the illustrations below in order according to what Amina says. (10 points)

a.

b.

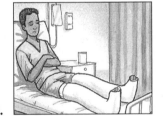
c.

d.

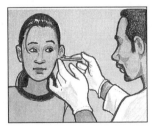
e.

5. _____   6. _____   7. _____   8. _____   9. _____

SCORE [ ]

Chapter Test

C. Some students are talking after school. Listen to their conversations and decide whether the speakers are a) **flattering** or b) **teasing** someone. (10 points)

10. _____

11. _____

12. _____

13. _____

14. _____

SCORE _____

II. Reading

Maximum Score: 30

D. Read the following remarks. Choose the best response to each one. (10 points)

_____ 15.
> Tu connais la dernière? Julien et David se sont bagarrés.

a.
> Oh là là! Tu es amoureuse ou quoi?

_____ 16.
> J'adore nager. C'est moi qui nage le mieux de toute ma classe. Au fait, je suis arrivée première en compétition le mois dernier.

b.
> Ça m'étonne. Ils sont très bons amis!

_____ 17.
> Dis donc, tu connais l'histoire du bébé qui va chez le médecin?

c.
> Arrête de délirer! Tu n'as pas assez d'argent!

_____ 18.
> J'ai demandé à Jean-Luc d'aller au café avec moi. Je lui ai dit que j'aimais beaucoup sa photo et il était vraiment impressionné.

d.
> Oui. Elle est nulle, cette blague!

e.
> Ben, tu es fortiche, toi!

_____ 19.
> Tu sais, je vais m'acheter un vélomoteur.

SCORE _____

E. Read Cherie's letter to her friend Pascale. Then match the statements that follow and the people they refer to. (10 points)

Chère Pascale,

J'étais très contente de recevoir ta dernière lettre. Ça faisait tellement longtemps! Tu me manques beaucoup, mais je suis contente que tout se passe bien à Marseille. Alors, comme ça, tu as eu 16 à ta dernière dissertation! Alors, là, tu m'épates! Remarque, tu as toujours été la meilleure en français! Tiens, j'ai vu Jean-Marc il y a deux jours et il m'a demandé de te dire bonjour de sa part. Tu connais la dernière? Il s'est fiancé avec une fille qui s'appelle Elisabeth. Elle est super sympa. Ils se sont rencontrés au travail. Chouette, hein? J'ai entendu dire que Pierre a raté son bac de français. Je ne sais pas comment il a fait parce qu'on étudie souvent ensemble. Il n'a pas de chance. Il me semble que tout a changé depuis que tu es partie.

Et moi, je vais me faire enlever mes bagues dans deux semaines! Je suis tellement contente. Bon, je te laisse parce que j'ai des devoirs à finir. Ecris-moi vite pour me donner de tes nouvelles! Bisous!

Cherie

a. Cherie   **b.** Pascale   **c.** Jean-Marc   **d.** Pierre

_____ **20.** This person does well in French class.

_____ **21.** This person is having braces removed.

_____ **22.** This person failed a French exam.

_____ **23.** This person got engaged.

_____ **24.** This person is flattering someone.

SCORE [   ]

Chapter Test

F. Christian is telling a joke to his friend Marion. Put the boxes below in order so that the joke makes sense. (10 points)

a. Et quand l'héroïne perd sa famille et quand sa maison brûle, quelqu'un se met à sangloter dans la salle. Mais, ce n'est pas la femme, c'est son chien! Il n'arrête pas de pleurer.

b. Et la femme répond: «C'est vrai! Et c'est vraiment surprenant parce qu'il n'a pas du tout aimé le livre!» Elle est bien bonne, non?

c. Le film est super triste. C'est l'histoire d'une jeune femme qui va vivre dans une autre ville pour essayer de retrouver sa famille.

d. J'en connais une bonne. Tu connais l'histoire du chien qui va au cinéma? Bon, c'est l'histoire d'une femme qui va au cinéma avec son chien. Bref, ils sont assis dans la salle, tous les deux, et le film commence.

e. Alors, quand on rallume les lumières, un homme qui est assis à côté du chien dit à la femme: «C'est incroyable de voir un chien qui pleure comme ça au cinéma. Je n'ai jamais vu ça!»

25. _____ 26. _____ 27. _____ 28. _____ 29. _____

SCORE _____

III. Culture

Maximum Score: 12

G. Answer the following questions about Guadeloupe in English. (12 points)

30. Who was the first European explorer to land on Guadeloupe?

_____

31. Why do the people of Guadeloupe have the same status and benefits as French citizens?

_____
_____

French 3 Allez, viens!, Chapter 10

32. What is the climate like in Guadeloupe?

_____

_____

33. If someone met an acquaintance on the street in Guadeloupe, how might it be different from a similar encounter in the United States?

_____

_____

SCORE [   ]

IV. Writing

Maximum Score: 30

H. You received these notes from your friends. Write a short reply to each note, flattering or teasing your friend. (10 points)

1.

> Ce matin, au lieu de prendre le bus, je suis allée à l'école en courant. Il y a dix kilomètres de chez moi à l'école. C'était fastoche! Je suis arrivée en 10 minutes!

_____

_____

_____

_____

2.

> Tu connais la dernière? J'ai eu 15 à mon interro de maths! Normalement, c'est en anglais que je suis le meilleur, mais cette fois-ci, j'ai eu une bonne note en maths. Chouette, hein?

_____

_____

_____

SCORE [   ]

❄ **Chapter Test**

I. Imagine that you've just come back from a vacation in Guadeloupe. Write a letter to your French pen pal telling him or her about your trip. Write at least five sentences and mention five or more things you saw or did. (10 points)

_____

_____

_____

_____

_____

_____

_____

_____

SCORE ☐

J. Write about <u>one</u> of the following. (10 points)

   a. Think of a joke you've heard recently and tell it in French.
     OR
   b. In French, brag about something you've done recently, either real or imaginary.

_____

_____

_____

_____

_____

_____

_____

_____

_____

_____

_____

SCORE ☐

TOTAL SCORE ☐ **/100**

Circle the letter that matches the most appropriate response.

I. Listening

Maximum Score: 28

A. (8 points)

1. a   b
2. a   b
3. a   b
4. a   b

SCORE [   ]

B. (10 points)

5. a   b   c   d   e
6. a   b   c   d   e
7. a   b   c   d   e
8. a   b   c   d   e
9. a   b   c   d   e

SCORE [   ]

C. (10 points)

10. a   b
11. a   b
12. a   b
13. a   b
14. a   b

SCORE [   ]

II. Reading

Maximum Score: 30

D. (10 points)

15. a   b   c   d   e
16. a   b   c   d   e
17. a   b   c   d   e
18. a   b   c   d   e
19. a   b   c   d   e

SCORE [   ]

E. (10 points)

20. a   b   c   d
21. a   b   c   d
22. a   b   c   d
23. a   b   c   d
24. a   b   c   d

SCORE [   ]

F. (10 points)

25. a   b   c   d   e
26. a   b   c   d   e
27. a   b   c   d   e
28. a   b   c   d   e
29. a   b   c   d   e

SCORE [   ]

III. Culture

Maximum Score: 12

G. (12 points)

30. _____
31. _____
32. _____
33. _____

SCORE [   ]

IV. Writing

Maximum Score: 30

H. (10 points)

1. _____

_____

_____

2. _____

_____

_____

SCORE ☐

I. (10 points)

_____

_____

_____

_____

_____

_____

SCORE ☐

J. (10 points)

_____

_____

_____

_____

_____

_____

_____

_____

SCORE ☐

TOTAL SCORE ☐ **/100**

CHAPITRE 10

Listening Scripts for Quizzes • Chapitre 10

Quiz 10-1B Première étape

I. Listening

1. J'ai même vu un requin. Je te dis, je n'en avais jamais vu de si féroce de ma vie.
2. On a vu tant de choses intéressantes! J'ai vu beaucoup d'étoiles de mer et d'hippocampes.
3. Il fallait quand même faire attention parce qu'il y avait des méduses.
4. Je n'ai pas passé tout mon temps dans l'eau. J'ai construit beaucoup de châteaux de sable.
5. J'avais espéré voir une pieuvre, mais hélas, je n'en ai pas vu.

Quiz 10-2B Deuxième étape

I. Listening

1. Tu sais qu'il conduit comme un fou, Michel. Alors, figure-toi qu'il a embouti sa voiture.
2. Tu te souviens de Marie-Claire? Eh bien, maintenant elle a des boutons.
3. Luc et Béatrice se sont fiancés. Ils s'aiment beaucoup.
4. Sabine a perdu du poids. Elle est très active maintenant.
5. Thérèse s'est acheté une nouvelle voiture. Elle est bien contente.

Answers to Quizzes 10-1A and 10-1B • Chapitre 10

ANSWERS Quiz 10-1A

A. (15 points: 3 points per item)
Answers will vary. Possible answers:
1. des méduses
2. des pieuvres
3. des requins
4. des espadons
5. du corail

B. (20 points: 4 points per item)
1. les plus intelligents
2. la plus sportive
3. le plus vite
4. le mieux
5. le meilleur

C. (15 points: 3 points per item)
1. b
2. a
3. b
4. a
5. c

ANSWERS Quiz 10-1B

I. Listening

A. (15 points: 3 points per item)
1. b
2. c
3. d
4. f
5. a

II. Culture

B. (5 points)
Answers will vary. Possible answer:
Guadeloupe has a warm, tropical climate during the entire year. There is luxurious plant life, with swamps and forests. There is also an abundance of marine life that visitors can enjoy while scuba diving or snorkeling.

III. Reading

C. (15 points: 3 points per item)
Answers may vary. Possible answers:
1. coral, colorful fish, lobsters
2. He saw a huge octopus.
3. He boasts that he is the best scuba diver and that nothing scares him.
4. She knows Thierry couldn't have seen the octopus since he was too scared to go in the water.
5. He must stop bragging.

IV. Writing

D. (15 points)
Answers will vary. Possible answer:
— Tu l'as vue, Maxime? Comme elle est mignonne!
— Qui ça?
— Mais Angèle, bien sûr! C'est la plus belle fille que je connaisse.
— Tu es amoureux ou quoi?
— Mais non! En fait, c'est pas pour me vanter, mais c'est plutôt elle qui s'intéresse à moi.
— Arrête de délirer! Elle ne s'intéresse pas du tout à toi.

CHAPITRE 10

ANSWERS Quiz 10-2A

A. (20 points: 4 points per item)
Answers may vary. Possible answers:
1. Il a perdu du poids, n'est-ce pas?
2. Elle a déménagé, n'est-ce pas?
3. Il s'est cassé les jambes, n'est-ce pas?
4. Ils se sont bagarrés, n'est-ce pas?
5. Elle n'a plus de boutons, n'est-ce pas?

B. (15 points: 3 points per item)
1. avaient cassé
2. avait vu
3. s'était fâchée
4. avait commencé
5. avait décidé

C. (15 points: 3 points per item)
1. était partie
2. avait accepté
3. était sortie
4. n'était pas rentrée
5. s'était couché

ANSWERS Quiz 10-2B

I. Listening

A. (15 points: 3 points per item)
1. b
2. b
3. a
4. a
5. a

II. Reading

B. (20 points: 5 points per item)
1. He's in the hospital because he broke his foot.
2. She won it on a game show.
3. Véronique and her father were taking a drive in the new car. Véronique crashed the car on the way home.
4. Jean was joking with his mother. Everything is fine.

III. Writing

C. (15 points)
Answers will vary. Possible answer:
— Tu connais la dernière?
— Non, raconte!
— Magali s'est fiancée avec Luc.
— Oh là là! Et Thérèse, qu'est-ce qu'elle devient?
— Elle est très contente. Elle s'est fait enlever ses bagues.
— Et Etienne?
— Il va très bien. Il s'est acheté un vélomoteur.
— Chouette!

CHAPITRE 10

Scripts for Chapter Test • Chapitre 10

I. Listening

A. Quel voyage! On a fait de la plongée presque tous les jours! J'adore faire de la plongée! C'est pas pour me vanter, mais c'est moi qui suis le meilleur de ma famille en plongée. On a vu du corail, des hippocampes, des espadons, bref, beaucoup de choses. Un jour, on a même vu un requin! C'était fantastique! Le requin n'était ni très grand ni très dangereux, mais il avait quand même de très grandes dents! C'était super comme voyage!

B. AMINA Salut, Thao. Tu as passé de bonnes vacances?

   THAO Non! Tu sais, mon frère et moi, on s'est bagarrés tout le temps. Bref, je suis content d'être de retour. Dis, j'ai entendu dire qu'Alain avait embouti la voiture de ses parents. J'espère qu'il va bien.

   AMINA Oui, ce n'était pas trop grave. Mais tu sais ce qui est arrivé à Yann?

   THAO Non, raconte!

   AMINA Eh bien, il s'est cassé les deux jambes en faisant du ski.

   THAO Oh là là! Le pauvre! Et Martine, comment va-t-elle?

   AMINA Très bien. La semaine dernière, pour son anniversaire, elle a reçu de très jolies boucles d'oreilles, alors elle s'est fait percer les oreilles. Mais, par contre, sa sœur Félicie ne va pas bien du tout.

   THAO Ah bon, qu'est-ce qui lui est arrivé?

   AMINA Figure-toi qu'elle est tombée de cheval et qu'elle s'est fait mal au dos.

C. 10. — Alors, tu as raté l'interro?
    — Ben non! C'est moi qui ai eu la meilleure note!
    — Dis donc, tu es calé, toi!
   11. — Tu as fait de la plongée?
    — Oui, et un requin est passé tout près de moi. Je l'ai même touché!
    — Tu en as, du courage!
   12. — C'est pas pour me vanter, mais moi, j'ai perdu quatre kilos!
    — Alors là, tu m'épates!
   13. — Grouille-toi, Claire!
    — Il n'y a pas le feu! Je voulais voir si Patrick allait passer.
    — Tu es amoureuse ou quoi?
    — Lâche-moi, tu veux? Je trouve qu'il est sympa, c'est tout.
   14. — Bon, je crois que je vais demander à Maman et à Papa de m'acheter une nouvelle voiture.
    — Arrête de délirer! C'est sûr, ils vont dire non!

Answers to Chapter Test • Chapitre 10

I. Listening   Maximum Score: 28 points

A. (8 points: 2 points per item) **B.** (10 points: 2 points per item) **C.** (10 points: 2 points per item)

A.	B.	C.
1. a	5. d	10. a
2. b	6. b	11. a
3. b	7. c	12. a
4. b	8. e	13. b
	9. a	14. b

II. Reading   Maximum Score: 30 points

D. (10 points: 2 points per item) **E.** (10 points: 2 points per item) **F.** (10 points: 2 points per item)

D.	E.	F.
15. b	20. b	25. d
16. e	21. a	26. c
17. d	22. d	27. a
18. a	23. c	28. e
19. c	24. a	29. b

III. Culture   Maximum Score: 12 points

G. (12 points: 3 points per item)
Answers will vary. Possible answers:
30. Christopher Columbus
31. Guadeloupe is an overseas department of France (**département d'outre-mer**), so the people are French citizens.
32. The climate in Guadeloupe is warm and tropical. The average temperature is 80 degrees. There is also a long rainy season and the waters surrounding the islands are warm.
33. It's normal when meeting an acquaintance on the street in Guadeloupe to have an extended conversation with the person. In the United States, however, people may give a more hurried greeting. This would be considered rude in Guadeloupe.

IV. Writing   Maximum Score: 30 points

H. (10 points)
Answers will vary.
Possible answers:
1. Dix kilomètres! Arrête de délirer!
2. Tu es vraiment le meilleur! Tu es vraiment fortiche, toi!

I. (10 points)
Answers will vary.

J. (10 points)
Answers will vary.

Laissez les bons temps rouler!

■ **PREMIERE ETAPE**

Maximum Score: 50/100

Grammar and Vocabulary

A. You're preparing a catalog for a local music store that sells French CDs and cassettes. Name five types of music in French. (15 points)

1. _____

2. _____

3. _____

4. _____

5. _____

SCORE ☐

B. Based on the types of music you listed in Activity A, name two instruments or types of equipment associated with each one. Do not repeat any items. (20 points)

1. _____
   _____

2. _____
   _____

3. _____
   _____

4. _____
   _____

5. _____
   _____

SCORE ☐

Quiz 11-1A

C. Stéphane and Lise are talking about their tastes in music. Complete their conversation using the cues provided. (15 points)

— **(1)** _____ , le jazz?
(How do you find)

— Ça **(2)** _____ ! Et toi?
(I'm wild about it)

(3) _____ le jazz?
(You don't like)

— Mais si! **(4)** _____ .
(I like it a lot)

(5) _____ !
(I only listen to jazz)

SCORE [ ]

TOTAL SCORE [/50]

Nom _____ Classe _____ Date _____

Laissez les bons temps rouler!

■ PREMIERE ETAPE

I. Listening

A. Listen as Anne and Simon give their opinions about different kinds of music. In each case, indicate whether they **a) agree** or **b) disagree** with each other's opinions. (12 points)

1. _____ 4. _____

2. _____ 5. _____

3. _____ 6. _____ SCORE [____]

II. Reading

B. Your classmate Virginie answered a survey on musical interests. Read the survey and her responses. Then answer the questions that follow in English. (15 points)

SONDAGE : QU'EST-CE QUE TU ECOUTES COMME MUSIQUE?

1. __c__ Quand je suis avec mes amis, j'écoute souvent...
   a. du rap.
   b. de la musique classique.
   c. du rock.
   d. du country.
   e. autre(s) _____

2. __c__ Quand je suis tout(e) seul(e), j'aime écouter...
   a. du rap.
   b. de la musique classique.
   c. du rock.
   d. du country.
   e. autre(s) _____

3. __✔__ Je joue d'un instrument de musique.
   _____ Je ne joue pas d'un instrument de musique.
   Si oui, de quel instrument? __de la batterie__
   Tu en joues depuis combien de temps? __trois ans__

4. __c__ Le country,...
   a. c'est comme ci comme ça.
   b. ça m'éclate.
   c. ça ne me branche pas du tout.

5. __a__ La musique classique,...
   a. c'est comme ci comme ça.
   b. ça m'éclate.
   c. ça ne me branche pas du tout.

6. __b__ Le rock,...
   a. c'est comme ci comme ça.
   b. ça m'éclate.
   c. ça ne me branche pas du tout.

7. __b__ La dance/pop,...
   a. c'est comme ci comme ça.
   b. ça m'éclate.
   c. ça ne me branche pas du tout.

---

1. What type(s) of music does Virginie like to listen to when she's with friends? _____

_____

2. What musical instrument does she play? How long has she been playing? _____

_____

Nom_____ Classe_____ Date_____

Quiz 11-1B

3. What type(s) of music does she really like? _____

4. What type(s) of music does she neither like nor dislike? _____

5. What type(s) of music does she really dislike? _____

SCORE [   ]

III. Writing

C. Imagine you're going to visit your French-speaking aunt, uncle, and cousins who live in Louisiana. You want to bring them gifts, preferably cassettes or CDs. You think you remember what music they enjoy, but write them a letter to make sure. (15 points)

_____

_____

_____

_____

_____

_____

_____

_____

SCORE [   ]

IV. Culture

D. Answer these questions about Louisiana in English. (8 points)

1. What does **Laissez les bons temps rouler!** mean to people from Louisiana? (5 points)

_____

_____

2. What types of music is Louisiana particularly known for? (3 points)

_____

SCORE [   ]

TOTAL SCORE [   ] /50

French 3 Allez, viens!, Chapter 11

CHAPITRE 11

Laissez les bons temps rouler!

■ DEUXIEME ETAPE

Grammar and Vocabulary

A. You're visiting a friend in Louisiana and see many things you don't recognize. How would you ask your friend for an explanation of these things? (8 points)

1. You see a new kind of soup on a menu and you want to know what's in it.

   _____

2. You friend prepares jambalaya and you want to know how it's made.

   _____

3. You see a new dish and you want to know what it is called.

   _____

4. You hear the word **"cocodrie"** and you want to know what it means.

   _____

SCORE [   ]

B. Identify the Louisiana food specialty being described below. (8 points)

1. C'est un dessert délicieux, une sorte de pain perdu truffé aux raisins secs.

   _____

2. Cette spécialité consiste en un plat de riz servi avec de la viande, du poisson et des crustacés.

   _____

3. C'est un sandwich qui contient du poisson, de la viande ou des crustacés : un véritable repas à lui tout seul!

   _____

4. C'est une soupe faite à base d'okras et de riz, avec du crabe et des épices.

   _____

SCORE [   ]

Quiz 11-2A

C. You're preparing a presentation about your trip to Louisiana for your French class. Use the cues provided to make four observations and give your impressions of different things. Complete each sentence with a different aspect of Louisiana life. (24 points)

1. _____ , c'est _____ .
   (What's interesting)

2. _____ , c'est _____ .
   (What I love)

3. _____ , c'est _____ .
   (What catches your eye)

4. _____ , les _____ .
   (They seem very happy)

SCORE [   ]

D. Gérard is talking about his favorite restaurant in New Orleans. Complete his statements with **ce qui** or **ce que.** (10 points)

(1) _____ est surtout incroyable, c'est la cuisine. Voilà

(2) _____ on sert ici : de la cuisine créole, de la cuisine cajun et

de la cuisine française. (3) _____ me plaît surtout, c'est le

boudin. (4) _____ je trouve super aussi, c'est les desserts. Mais

finalement, il faut dire que j'aime tout (5) _____ on prépare ici.

SCORE [   ]

TOTAL SCORE [/50   ]

CHAPITRE 11

■ DEUXIEME ETAPE

I. Listening

A. Listen as Simon asks about various things he sees in Louisiana. In each case, indicate what kind of information he wants. (15 points)

1. _____	**a.** what something is made of
2. _____	**b.** how something is made
3. _____	**c.** what something is
4. _____	**d.** what a word means
5. _____	**e.** where a word comes from

SCORE ☐

II. Reading

B. Louisiana is famous for its cuisine. Read this article advising tourists about Cajun cooking, and then answer in English, the questions on page 242. (20 points)

Ici, en Louisiane — c'est la fête, la musique... et surtout... la cuisine cajun! La région cajun offre à ses visiteurs une grande variété de plats, tous préparés avec des ingrédients de la région, tous copieux, bien épicés et délicieux!

Vous cherchez un repas simple et rapide? Prenez donc un po-boy, sandwich qui constitue un repas à lui tout seul. A vous de choisir entre le poisson, les écrevisses, les huîtres ou la viande!

Vous cherchez quelque chose de plus copieux? Voilà un repas complet à la cajun :
- Comme entrée? Des huîtres cuites Bienville (au jambon et aux champignons) ou Rockefeller (aux épinards). Miam! (Pour ceux d'entre vous qui préfèrent commencer un repas par une soupe, le gombo, soupe faite à base d'okras avec du riz et des crustacés, est à ne pas manquer!)

- Comme plat principal, le jambalaya, énorme quantité de riz servi avec du jambon, du poulet, des saucisses, des crevettes et du crabe.
- Et comme dessert? Il faut, bien sûr, goûter le fameux pouding au pain, genre de pain perdu truffé aux raisins secs!

Bon appétit... et bon séjour en Louisiane!

CHAPITRE 11

Quiz 11-2B

1. What are two characteristics attributed to Cajun dishes in this article?

   _____

2. What are two of the possible ingredients you can choose for a po-boy?

   _____

3. Name two items suggested as appetizer.

   _____

4. Name two ingredients in jambalaya.

   _____

5. What is recommended for dessert? Name one ingredient in it.

   _____

SCORE ☐

III. Writing

C. You're vacationing in Louisiana. Write a letter to your French pen pal, telling him or her what you've observed so far and giving your impressions of Louisiana. (15 points)

_____

_____

_____

_____

_____

_____

_____

_____

_____

_____

_____

_____

SCORE ☐

TOTAL SCORE ☐ /50

Laissez les bons temps rouler!

Chapter Test

I. Listening

Maximum Score: 30

A. Murielle won free concert tickets in a contest, but to claim her prize, she must confirm the information on the entry form. Listen to the questions and choose the correct answers. (10 points)

1. _____
2. _____
3. _____
4. _____
5. _____

a. Oui, et du saxophone aussi.

b. Non, dix-sept.

c. Oui, je n'écoute que ça.

d. Murielle.

e. Oui, avec ma famille.

SCORE _____

B. Listen as Martine asks questions about different dishes at a Cajun restaurant. Look at the menu and write the letter of each dish she asks about. (10 points)

6. _____
7. _____
8. _____
9. _____
10. _____

BIENVENUE AU CAFE CREOLE

a. Gombo — 10.00

b. Jambalaya — 12.00

c. Po-boy aux écrevisses — 7.00

   aux huîtres — 8.00

d. Ecrevisses à l'étouffée — 10.00

e. Pouding au pain — 4.00

Eau minérale — 1.25

Thé, Café — 1.00

SCORE _____

Chapter Test

C. Listen as Marc and Céline discuss upcoming musical events. Decide whether these statements are **a) true** or **b) false**. (10 points)

_____ 11. There is a country-western concert this weekend.

_____ 12. Céline loves rap music.

_____ 13. Marc finds jazz boring.

_____ 14. Marc and Céline have trouble agreeing on what to do this weekend.

_____ 15. Céline and Marc decide to go to a rock concert.

SCORE _____

II. Reading

Maximum Score: 32

D. Read the following article about Western music (**la musique occidentale**). Then indicate whether these statements are **a) true** or **b) false**. (10 points)

VERS UNE MUSIQUE SANS FRONTIERES

La musique est un langage universel. Ce qu'on appelle la musique occidentale est née de chants religieux qui résonnaient dans les églises du Moyen Age. A ces chants, des compositeurs ont ajouté leurs propres mélodies. A travers les siècles, cette musique a évolué, changeant constamment pour s'adapter aux goûts et à la vie de chaque époque. Mais c'est au vingtième siècle que la musique populaire est devenue une puissante force créative. D'abord, au commencement du siècle, le jazz est né en Amérique de rythmes africains et de musique ethnique et régionale. Mais c'est le rock, né vers le milieu du siècle, mélange de jazz et de folk, joué sur les nouveaux instruments électriques, qui a eu une popularité sans précédent dans le monde entier. La musique populaire a continué à évoluer pour s'adapter aux goûts de chaque génération : le hard, la pop, la dance, le rap, le funk, le grunge… Grâce à l'énorme popularité de cette musique dans laquelle on reconnaît les instruments, les styles et les rythmes de tous les coins du monde, une musique populaire internationale s'est développée. Enfin, qui de nos jours ne connaît pas la musique d'Amérique latine, le jazz africain, le reggae, le folk irlandais… ?

_____ 16. Western music originated from religious chants.

_____ 17. Jazz developed from a mixture of ethnic and regional music and Asian rhythms.

_____ 18. In the mid-twentieth century, rock music was born.

_____ 19. Popular music has continued to evolve rapidly, representing the tastes of an elite circle of music specialists.

_____ 20. According to this article, modern popular music has become internationalized, mixing styles and rhythms from various parts of the world.

SCORE _____

E. Read the following article about places to visit in Louisiana. Then answer the questions that follow with **a) la paroisse de Lafayette, b) la paroisse de Saint Martin,** or **c) both**. (10 points)

La paroisse de Lafayette

A Lafayette, au cœur de l'Acadiana, on sent le pouls du pays cajun. Dans la paroisse de Lafayette, le français est toujours utilisé et les étrangers sont reçus comme des amis. Dans plusieurs restaurants de Lafayette vous pourrez, tout en dégustant la délicieuse cuisine cajun et créole, apprécier la musique et la danse traditionnelles.

Le Village Acadien

Le Village Acadien est un musée en plein air qui représente la vie en Acadiana telle qu'elle était au XIXème siècle ; Vermilionville est un véritable témoignage vivant du passé cajun et créole. Le Musée de Lafayette a été la maison d'un des premiers habitants de la ville. Le Musée d'Histoire Naturelle et le Planétarium offrent de multiples expositions avec différents thèmes : la nature, les sciences et la technologie. Le Musée d'Art de l'Université du Sud-Ouest de la Louisiane (USL) présente toujours une exposition digne d'intérêt.

En Acadiana, les festivals font partie de la vie de tous les jours comme la bonne nourriture et la bonne musique. Vous entendrez les habitants vous dire — en français — «Laissez les bons temps rouler!» Tout est prétexte à la fête : le Mardi Gras, la culture cajun ou créole et toutes les autres activités liées à la francophonie.

Pour les Cadiens, faire la fête, c'est très sérieux, alors amusez-vous à Lafayette, c'est la coutume!

La paroisse de Saint Martin

Vous êtes invités à faire un voyage dans le temps dans la paroisse de Saint Martin. Venez vous balader le long du bayou Tèche jusqu'aux premiers refuges des exilés Acadiens. Là, vous rencontrerez des gens qui parlent toujours le français cajun. Sur l'Interstate 10, sortez à Breaux Bridge ou à Henderson pour vous rendre dans les restaurants spécialisés dans les crustacés. Visitez le quartier historique de Breaux Bridge ainsi que son centre-ville et profitez-en pour vous rendre dans l'une des salles de danse réputées dans le monde entier.

A partir d'Henderson, explorez le magnifique bassin de l'Atchafalaya à partir de la levée. Pendant la visite des marais, des aigrettes, des hérons, des castors et des alligators viendront saluer votre passage.

A Saint Martinville, surnommé «Le Petit Paris d'Amérique», vous découvrirez ce mélange

Les musiciens cajuns devant le chêne d'Evangéline

unique de culture française et d'hospitalité du Sud. Par une visite pédestre vous emprunterez des sentiers dans des paysages somptueux et pourrez contempler le chêne d'Evangéline, le Musée du Mardi Gras, le quartier historique et l'église catholique Saint Martin de Tours, la plus vieille église catholique louisianaise.

From *Acadiana: C'est magnifique!* Reprinted by permission of **Lafayette Convention & Visitors Commission.**

According to the article, where would you go to . . .

_____ **21.** visit an old church?

_____ **22.** speak French?

_____ **23.** try some Cajun and Creole cuisine?

_____ **24.** visit a swamp?

_____ **25.** visit a science museum?

SCORE [ ]

Chapter Test

F. Match each statement on the left with the appropriate response on the right. (12 points)

_____ 26. Si je me souviens bien, tu as trois frères et une sœur. C'est ça?

a. Oui, assez, mais je m'y suis habitué.

_____ 27. Ça te branche, la musique zydeco?

b. Oui, beaucoup. Le week-end, je n'écoute que ça.

_____ 28. Je n'aime pas du tout la musique rock.

c. Oui. Et n'oublie pas mon chat Félix.

_____ 29. J'ai l'impression que la nourriture est assez épicée, tu ne trouves pas?

d. Moi non plus, je n'aime pas ce genre de musique.

e. Moi, je trouve que la musique classique, c'est super.

SCORE [ ]

III. Culture

Maximum Score: 9

G. Answer the following questions about Louisiana in English. (9 points)

30. From what type of French music did Cajun music evolve?

_____

31. What are two other types of music associated with Louisiana?

_____

32. Where does the word "cajun" come from?

_____

SCORE [ ]

IV. Writing

Maximum Score: 29

H. You want to know whether your pen pal has the same tastes in music as you. Write a note telling your pen pal what types of music you like and what instruments you play. Be sure to ask your pen pal what types of music he or she likes and if he or she plays a musical instrument. (8 points)

_____

_____

_____

_____

_____

_____

_____

_____

_____

SCORE [ ]

I. You received this postcard from a friend who's visiting Louisiana, but there are some words you don't understand. Write a letter and ask your friend to explain four words he or she used. (12 points)

Salut de l'Acadiana! Ce week-end, on va faire une promenade à Lafayette. J'ai envie d'aller écouter du zydeco et du jazz. On va aussi déguster des spécialités cajuns, probablement du gombo et un po-boy! Laissez les bons temps rouler!

_____

_____

_____

_____

_____

_____

_____

_____

SCORE [ ]

CHAPITRE 11

Chapter Test

J. During your visit to Louisiana, you write a letter home telling about your stay. Give your impressions of the things pictured below. Use **ce qui** and **ce que** in your answers. (9 points)

1.

_____

_____

_____

_____

_____

_____

_____

2.

_____

_____

_____

_____

_____

_____

_____

3.

_____

_____

_____

_____

_____

_____

_____

SCORE ☐

TOTAL SCORE ☐ **/100**

CHAPITRE 11

Nom_____ Classe_____ Date_____

CHAPITRE 11 Chapter Test Score Sheet

Circle the letter that matches the most appropriate response.

I. Listening
Maximum Score: 30

A. (10 points)   **B.** (10 points)   **C.** (10 points)

A	B	C
1. a b c d e	6. a b c d e	11. a b
2. a b c d e	7. a b c d e	12. a b
3. a b c d e	8. a b c d e	13. a b
4. a b c d e	9. a b c d e	14. a b
5. a b c d e	10. a b c d e	15. a b

SCORE [____]   SCORE [____]   SCORE [____]

II. Reading
Maximum Score: 32

D. (10 points)   **E.** (10 points)   **F.** (12 points)

D	E	F
16. a b	21. a b c	26. a b c d e
17. a b	22. a b c	27. a b c d e
18. a b	23. a b c	28. a b c d e
19. a b	24. a b c	29. a b c d e
20. a b	25. a b c	

SCORE [____]   SCORE [____]   SCORE [____]

III. Culture
Maximum Score: 9

G. (9 points)

30. _____

31. _____

32. _____

SCORE [____]

CHAPITRE 11

French 3 Allez, viens!, Chapter 11   Testing Program   **249**

IV. Writing

Maximum Score: 29

H. (8 points)

_____
_____
_____
_____
_____
_____

SCORE [   ]

I. (12 points)

_____
_____
_____
_____
_____
_____
_____
_____

SCORE [   ]

J. (9 points)

1. _____
_____

2. _____
_____

3. _____
_____

SCORE [   ]

TOTAL SCORE [/100]

French 3 Allez, viens!, Chapter 11

Quiz 11-1B Première étape

I. Listening

1. SIMON   Ça m'éclate, le blues. Ça te plaît?
   ANNE   Oui, j'adore! Je n'écoute que ça.
2. SIMON   Qu'est-ce que tu penses de la dance? Je trouve ça hyper cool!
   ANNE   Tu rigoles! Je trouve ça nul.
3. ANNE   Quant au rap, ça ne me branche pas trop.
   SIMON   Tu l'as dit! Moi, je n'aime pas du tout!
4. SIMON   Le jazz, ça m'éclate.
   ANNE   Tu as raison. Moi aussi, ça me plaît.
5. ANNE   La musique classique, ça ne me plaît pas trop.
   SIMON   Moi non plus.
6. ANNE   Elle est vraiment barbante, cette musique!
   SIMON   Tu délires ou quoi? Elle est fantastique!

Quiz 11-2B Deuxième étape

I. Listening

1. Mmm... Ça sent bon! Mais qu'est-ce que c'est?
2. Ça a l'air délicieux. Qu'est-ce qu'il y a dedans?
3. D'où vient le mot «jambalaya»?
4. Comment est-ce qu'on le fait?
5. Qu'est-ce que ça veut dire, «boudin»?

Answers to Quizzes 11-1A and 11-1B • Chapitre 11

ANSWERS Quiz 11-1A

A. (15 points: 3 points per item)
Answers will vary. Possible answers:
Any five of: le rock, la musique cajun, la musique classique, le blues, le jazz, le country, le rap, la dance

B. (20 points: 2 points per item)
Answers will vary. Possible answers:
Any ten of: le saxophone, la trompette, la basse, le micro, la boîte à rythmes, le synthé, le chant, le piano, la flûte, le violon, l'accordéon, la guitare, la batterie

C. (15 points: 3 points per item)
Answers may vary. Possible answers:
1. Comment tu trouves ça
2. m'éclate
3. Tu n'aimes pas
4. J'aime beaucoup
5. Je n'écoute que du jazz

ANSWERS Quiz 11-1B

I. Listening

A. (12 points: 2 points per item)
1. a
2. b
3. a
4. a
5. a
6. b

II. Reading

B. (15 points: 3 points per item)
1. rock
2. drums; three years
3. rock, dance/pop
4. classical
5. country

III. Writing

C. (15 points)
Answers will vary. Possible answer:
Salut, tout le monde! Oncle Olivier, tu aimes toujours le jazz? Et tante Mireille, si je ne me trompe pas, tu aimes la musique cajun. Et Céline, si je me souviens bien, tu aimes le rap, non? Et toi, Marc, tu aimes toujours le rock? Répondez-moi vite!

IV. Culture

D. (8 points: 5 points for first item; 3 points for second)
Answers will vary. Possible answers:
1. It means "Let the good times roll!" Louisianans enjoy having fun. They love food, music, and dance and don't need a special occasion to enjoy them.
2. Cajun music, zydeco, and jazz

ANSWERS Quiz 11-2A

A. (8 points: 2 points per item)
1. Qu'est-ce qu'il y a dans cette soupe?
2. Comment est-ce qu'on fait le jambalaya?
3. Comment est-ce qu'on appelle ça?
4. Qu'est-ce que ça veut dire, «cocodrie»?

B. (8 points: 2 points per item)
1. le pouding au pain
2. le jambalaya
3. le po-boy
4. le gombo

C. (24 points: 3 points per item)
Second part of answers will vary. Possible answers:
1. Ce qui est intéressant, c'est les épices.
2. Ce que j'aime, c'est la musique cajun.
3. Ce qui saute aux yeux, c'est les couleurs des masques.
4. Ils ont l'air heureux, les Cajuns.

D. (10 points: 2 points per item)
1. Ce qui
2. ce qu'
3. Ce qui
4. Ce que
5. ce qu'

ANSWERS Quiz 11-2B

I. Listening

A. (15 points: 3 points per item)
1. c
2. a
3. e
4. b
5. d

II. Reading

B. (20 points: 2 points per item)
Answers will vary. Possible answers:
1. spicy, delicious
2. fish, meat
3. gumbo, oysters Rockefeller
4. rice, ham
5. bread pudding, raisins

III. Writing

C. (15 points)
Answers will vary.

Scripts for Chapter Test • Chapitre 11

I. Listening

A. 1. Comment tu t'appelles, déjà?
2. Tu habites bien à Nice?
3. Tu joues toujours du piano?
4. Tu aimes le jazz, c'est ça?
5. Si je ne me trompe pas, tu as seize ans.

B. 6. — Qu'est-ce que c'est, ça?
— C'est une sorte de sandwich. Il y en a aux écrevisses et aux huîtres.
7. — Tu as déjà essayé ça?
— Oui, c'est fait avec du jambon, du riz, des saucisses, des crevettes et du crabe. C'est délicieux.
8. — Qu'est-ce qu'il y a dans ce plat?
— Je ne sais pas exactement, mais on le mange au dessert. Je crois qu'il y a des raisins secs. Je n'en ai jamais mangé, mais on m'a dit que c'était très bon.
9. — Qu'est-ce qu'il y a dedans?
— C'est une soupe faite avec des okras, du riz, des crevettes et du crabe. C'est assez épicé.
10. — Comment est-ce qu'on prépare ça?
— C'est une spécialité cajun. On prend des écrevisses qu'on cuit à la vapeur.

C. MARC   Ça te branche, le rap? J'ai vu dans le journal qu'il y a un concert en plein air au parc ce week-end.
CELINE   Bof, ça ne me branche pas trop. Je préfère le jazz ou le blues. Il y a un concert de jazz?
MARC   Tu délires ou quoi? C'est ennuyeux, le jazz. Et puis, c'est nul pour danser. Tu aimes le rock?
CELINE   Non, c'est encore pire! J'aime bien le country. J'ai des bottes. On pourrait aller danser!
MARC   Pas question. De toute façon, il n'y a pas d'endroit où on joue du country ce week-end. J'ai l'impression qu'on va jamais être d'accord.
CELINE   Ça, c'est sûr. Il me semble qu'on ferait bien de choisir deux choses différentes à faire. C'était quoi, la première chose que tu as suggérée, déjà?
MARC   Un concert de rap.
CELINE   Bon, d'abord, on ira au concert de rap et puis après, on ira écouter un peu de jazz dans un club. Ça te dit?
MARC   Bon, d'accord. Allons-y.

Answers to Chapter Test • Chapitre 11

I. Listening   Maximum Score: 30 points

A. (10 points: 2 points per item)   **B.** (10 points: 2 points per item)   **C.** (10 points: 2 points per item)

A.	B.	C.
1. d	6. c	11. b
2. e	7. b	12. b
3. a	8. e	13. a
4. c	9. a	14. a
5. b	10. d	15. b

II. Reading   Maximum Score: 32 points

D. (10 points: 2 points per item)   **E.** (10 points: 2 points per item)   **F.** (12 points: 3 points per item)

D.	E.	F.
16. a	21. b	26. c
17. b	22. c	27. b
18. a	23. c	28. d
19. b	24. b	29. a
20. a	25. a	

III. Culture   Maximum Score: 9 points

G. (9 points: 3 points per item)
Answers may vary. Possible answers:

30. folk
31. jazz, zydeco
32. It comes from the word **Acadien,** which refers to the French settlers who were forced to leave the Acadia region of Canada and settled in Louisiana.

IV. Writing   Maximum Score: 29 points

H. (8 points)
Answers will vary. Possible answer:
Salut,
    Ça va? Moi, je vais aller à un concert de jazz ce week-end. Le jazz, ça m'éclate! J'aime bien aussi le blues et le rock. Le country, ça ne me branche pas trop. Je joue de la guitare et du saxophone. Et toi? Qu'est-ce que tu aimes comme musique? Qu'est-ce que tu penses de la musique classique? Tu joues d'un instrument? Ecris-moi!

I. (12 points)
Answers will vary. Possible answer:
Mais, qu'est-ce que c'est, l'Acadiana? D'où vient le mot «zydeco»? C'est de la musique? Qu'est-ce qu'il y a dans le gombo? C'est épicé? Et un po-boy, qu'est-ce que c'est?

J. (9 points: 3 points per item)
Answers will vary. Possible answers:
1. Ce que j'adore, c'est la cuisine cajun. C'est délicieux!
2. Ce que je trouve super, c'est les vieux bâtiments.
3. Ce qui me branche vraiment, c'est le jazz.

Nom_____ Classe_____ Date_____

CHAPITRE 12
Echanges sportifs et culturels

■ PREMIERE ETAPE

Maximum Score: 50/100

Grammar and Vocabulary

A. Identify in French, the sport being described below. (20 points)

1. Le lanceur lance la balle au frappeur. _____

2. Il y a des anneaux et des barres asymétriques. _____

3. Le joueur essaie de lancer le ballon dans le panier. _____

4. Il faut mettre la tenue et un masque pour se protéger. _____

5. Le lanceur lance un disque. _____

SCORE ☐

B. Juliette is going to compete in the national gymnastic championships and she is very confident about herself. Complete her statements with the future tense form of the verbs in parentheses. (15 points)

1. Dès que mon entraîneur me _____ (voir), il m'obligera à travailler plus, mais franchement, je n'en ai plus besoin.

2. Quand les juges me _____ (donner) mes points, tout le monde saura que c'est moi la meilleure.

3. Quand mes parents _____ (savoir) les résultats, ils seront très contents.

4. Dès que j'_____ (avoir) ma médaille d'or, je téléphonerai à mon petit ami.

5. Et quand je _____ (rentrer) chez moi, tout le monde me félicitera.

SCORE ☐

Quiz 12-1A

C. Annette is as uncertain as Juliette is boastful. Complete Annette's statements with the appropriate forms of the verbs in parentheses. (15 points)

1. Si j'étais plus agile, je/j' _____ (avoir) moins de difficultés avec mon enchaînement.

2. Si je pouvais avoir encore un mois pour m'entraîner, je _____ (être) prête.

3. Si on avait plus de temps, mon entraîneur me _____ (faire) pratiquer beaucoup plus.

4. Mes parents m' _____ (aider) à perfectionner mon style s'ils étaient ici.

5. Et toi, Juliette, si tu étais moins égocentrique, tu _____ (comprendre) mieux ma situation.

SCORE _____

TOTAL SCORE [/50]

CHAPITRE 12

Echanges sportifs et culturels

■ PREMIERE ETAPE

Maximum Score: 50/100

I. Listening

A. Listen to the following conversations between Séverine and her brother. For each conversation, decide whether her brother expresses **a) certainty** or **b) doubt.** (15 points)

1. _____ 2. _____ 3. _____ 4. _____ 5. _____

SCORE [   ]

II. Reading

B. You're thinking of taking up a new sport. Read this article from a sports magazine and answer the questions that follow in English. (20 points)

L'escrime

L'escrime est encore un sport peu pratiqué et peu connu malgré ses nombreux bienfaits. Alors, si vous cherchez un nouveau sport à pratiquer, pourquoi ne pas essayer l'escrime?

Ses bienfaits Il n'est pas nécessaire, pour être un bon escrimeur, d'être particulièrement fort. Tout se joue dans la concentration, l'habileté et l'observation. L'escrime aide à développer une plus grande maîtrise de soi et par conséquent une plus grande confiance en soi.

L'équipement nécessaire La tenue, composée d'un pantalon, d'une veste en toile et d'un gant pour la main qui tient l'arme, le masque et l'arme (fleuret, épée ou sabre) sont souvent prêtés par les clubs la première année. Comptez dans les 250 € si vous désirez acheter votre propre équipement.

A quel âge peut-on commencer? Pour pouvoir entrer en compétition, il faut avoir douze ans, mais il est bon de commencer plus jeune, car plus vous êtes souple, meilleures sont vos chances de devenir un bon escrimeur.

La gymnastique

La gymnastique est un sport idéal pour ceux qui veulent devenir plus souples et plus gracieux. Très appréciée par de nombreux jeunes qui en font dans le cadre du lycée, la gymnastique peut aussi se pratiquer dans toutes sortes de clubs et de gymnases.

Ses bienfaits La gymnastique est un sport très complet qui fait travailler tous les muscles tout en aidant à développer un plus grand sens de l'équilibre.

L'équipement nécessaire Aucun équipement particulier n'est nécessaire tant que vous vous entraînez dans un club ou gymnase qui possède les différents agrès.

A quel âge peut-on commencer? Il n'y a pas d'âge pour commencer à faire de la gymnastique. Parmi les plus grands gymnastes, certains ont débuté très jeunes (vers quatre ou cinq ans) alors que d'autres n'ont pas commencé avant dix ou douze ans. L'essentiel est d'être motivé.

Le judo

Le judo est un sport de combat qui a de nombreux adeptes, aussi bien chez les filles que chez les garçons.

Ses bienfaits Le judo permet d'acquérir une musculature solide et harmonieuse. C'est aussi un sport qui développe la concentration et la coordination. Vous apprendrez à vous défendre en souplesse sans avoir besoin de la quantité de force nécessaire pour de nombreux autres sports de combat.

L'équipement nécessaire Un kimono et une ceinture. Le reste du matériel utilisé (tapis...) est fourni par les clubs.

A quel âge peut-on commencer? On peut s'inscrire dans un club dès l'âge de six ans, mais c'est vraiment à partir de dix ans que l'on commence la pratique.

1. Which sports are good for someone who isn't very strong?

_____

2. Which sport requires no equipment?

_____

Quiz 12-1B

3. Which sports are particularly good for muscle development?

_____

4. What are two pieces of equipment you would need if you wanted to take up fencing?

_____

5. Which sports develop coordination and/or concentration?

_____

SCORE [   ]

III. Writing

C. Imagine that you and your family are going to the Olympics. Write a note to a friend expressing your anticipation about what you'll see there. Include three of these expressions in your note. (11 points)

> On pourra sûrement...   Il me tarde de...   Je suis vraiment impatient(e) de...
>
> Dès que je serai là-bas...   Je parie que...   Il doit y avoir...   Quand je verrai...

_____

_____

_____

_____

_____

_____

SCORE [   ]

IV. Culture

D. Name two sporting events that are held in France each year. (4 points)

_____

_____

SCORE [   ]

TOTAL SCORE [/50]

12 Echanges sportifs et culturels

Quiz 12-2A

■ DEUXIEME ETAPE

Maximum Score: 50/100

Grammar and Vocabulary

A. Several athletes at the Olympics are getting acquainted with each other. Complete their statements by saying where they come from. (20 points)

1. Je suis sénégalaise. Je _____.

2. Et moi, je suis belge. Je _____.

3. Voilà mon ami Ahmed. Il est marocain. Il _____.

4. Yukiko est japonaise. Elle _____.

5. Je suis américain. Je _____.

6. Mon frère et moi, nous sommes italiens. Nous _____.

7. Et vous deux? Vous êtes espagnols, n'est-ce pas? Vous _____?

8. Lucinda est mexicaine. Elle _____.

9. Et toi? Tu es canadienne? Tu _____?

10. Je suis américain mais mes parents sont d'origine française. Ils _____.

SCORE ☐

B. You've just met a new foreign student. First ask him where he is from. Then ask him four more questions about his country, such as what life is like, what one eats, what one wears, and what is found there. (10 points)

1. _____?

2. _____?

3. _____?

4. _____?

5. _____?

SCORE ☐

Quiz 12-2A

C. Your friend Cécile, who won a gold medal in the Olympics, is doing a world tour to endorse health foods made by a big company. She has invited you to go along, all expenses paid! Make four statements to express your excitement to her. (20 points)

1. _____

2. _____

3. _____

4. _____

SCORE [   ]

TOTAL SCORE [   ] **/50**

CHAPITRE **12**

Echanges sportifs et culturels

Quiz 12-2B

■ DEUXIEME ETAPE

Maximum Score: 50/100

I. Listening

A. Listen to some athletes talk about their experiences in the Olympic Games. Does each speaker express **a) excitement** or **b) disappointment?** (15 points)

1. _____   2. _____   3. _____   4. _____   5. _____

SCORE _____

II. Reading

B. Read Lucien's letter to Koffi, his new pen pal, and Koffi's response. Then answer the questions that follow in English. (20 points)

Salut, Koffi!

Bonjour du Québec! Je suis très content d'être ton correspondant. Alors, tu es de Côte d'Ivoire? Tu as beaucoup voyagé? Moi, j'ai voyagé en France, en Allemagne et au Mexique, mais je ne suis jamais allé en Afrique. Au fait, je n'ai jamais rencontré quelqu'un de ton pays. Alors, c'est comment, la vie là-bas? Est-ce qu'il y a des voitures? J'imagine que tu vis dans une petite maison au milieu de la forêt tropicale. Tu vois souvent des animaux sauvages? Je suis très curieux. Moi, j'adore ma ville, mais souvent, je m'ennuie. J'ai envie de voir quelque chose de nouveau. Ecris-moi vite.

Lucien

Salut, Lucien!

Bonjour d'Abidjan! Tu sais, Lucien, en Côte d'Ivoire, il y a beaucoup de petits villages, mais il y a aussi des grandes villes. Ma ville, Abidjan, est une très grande ville avec beaucoup de circulation. Alors, tu as tort de m'imaginer sous les arbres! Au fait, j'habite chez ma tante, dans un appartement au troisième étage. Je ne vois pas d'animaux sauvages, je vois des voitures et des camions! Je vais au lycée ici, en ville, et un jour, je compte devenir médecin. J'étudie beaucoup et pendant les vacances, je rends visite à ma famille au village. Je n'ai donc pas beaucoup le temps de voyager. Mais, je suis allé en Italie il y a cinq ans. Alors, maintenant, à toi de me raconter comment c'est, la vie au Canada. A bientôt.

Koffi

Quiz 12-2B

1. Where has Lucien traveled? Has he ever been to Côte d'Ivoire?

   _____

2. What does Lucien ask Koffi about Côte d'Ivoire?

   _____

3. What picture comes to Lucien's mind when he thinks of Koffi's home in Côte d'Ivoire?

   _____

4. How does Koffi change Lucien's picture of Côte d'Ivoire?

   _____

5. Does Koffi travel much? Why or why not? Where has he gone?

   _____

SCORE _____

III. Writing

C. Look at the following illustrations. Write what you think each athlete would say according to his or her thoughts. (15 points)

1.

   _____

   _____

   _____

   _____

   _____

   _____

2.

   _____

   _____

   _____

   _____

   _____

   _____

3.

   _____

   _____

   _____

   _____

   _____

   _____

SCORE _____

TOTAL SCORE _____ /50

French 3 Allez, viens!, Chapter 12

Echanges sportifs et culturels

Chapter Test

I. Listening

Maximum Score: 30

A. Listen to these remarks you overhear at the Olympic Games. For each one, decide which of the sports pictured below the speaker is watching. (10 points)

a.

b.

c.

d.

e.

1. _____   2. _____   3. _____   4. _____   5. _____

SCORE _____

B. Listen to these conversations and decide whether the speakers are expressing **a) disappointment** or **b) excitement.** (10 points)

6. _____

7. _____

8. _____

9. _____

10. _____

SCORE _____

Chapter Test

C. Listen as a television reporter interviews medal winners at the Olympic Games. For each interview, choose the country the athlete represents. (10 points)

a. Spain   **b.** Central African Republic   **c.** Germany
d. Mexico   **e.** Russia

11. _____   12. _____   13. _____   14. _____   15. _____

SCORE [ ]

II. Reading

Maximum Score: 30

D. Read the following article about baseball in Japan. Then decide whether these statements are a) **true** or b) **false.** (8 points)

Le base-ball arrive au Japon!

Le base-ball — passe-temps préféré des... Japonais?!? Oui, c'est vrai! La fièvre du base-ball envahit le Japon. Et partout on en a la preuve. Equipes professionnelles, équipes semi-professionnelles, places publiques converties en «baseball fields». Et les Japonais, du plus petit au plus grand, adorent jouer. Et plus encore, aller voir jouer les autres. Qu'est-ce qui explique cet enthousiasme? Imaginez la scène : le frappeur, le casque sur la tête, se trouve face à face avec le lanceur. Il attend. Le lanceur lance la balle et... C'est l'impact! Et puis, la balle disparaît au-dessus de la barricade. *Home run!!!* La foule (et au Japon, les spectateurs sont toujours nombreux) se lève pour applaudir vivement. Alors, qu'est-ce qui explique cet enthousiasme? Eh bien, tout simplement, qui peut résister à un sport si plein de rebondissements?

_____ 16. There are now both professional and semi-professional baseball teams in Japan.

_____ 17. It is particularly the young people in Japan who love baseball.

_____ 18. Despite baseball's popularity in Japan, crowds at the games are small.

_____ 19. According to the article, it is the Japanese spirit of competition that explains the interest in baseball.

SCORE [ ]

E. Read this letter Karim wrote to his family. Then decide whether the statements that follow are
a) **true** or b) **false.** (12 points)

> Chers Maman et Papa,
>   Me voilà aux Jeux olympiques! Je vais assez bien malgré ce qui m'est
> arrivé hier. Je parie que vous savez déjà que je suis tombé des anneaux. Quelle
> angoisse! Je savais que je ne pouvais pas gagner de médaille, mais maintenant,
> je ne suis même plus en compétition. Je suis allé chez le médecin ce matin et il
> m'a dit que ce n'était pas grave. Je ne me suis même pas foulé la cheville.
> Mais il dit qu'il vaut mieux que je ne marche pas trop pendant quelques jours.
> Alors, maintenant, je vais essayer de m'amuser.
>   J'ai déjà rencontré beaucoup de monde. J'ai rencontré des gymnastes de
> Chine, de Russie et du Japon. C'est la Chinoise qui va gagner la médaille d'or
> de gymnastique; ça, c'est sûr. Mais pour l'épreuve de plongeon acrobatique, je
> ne sais pas qui va gagner. Les Russes peut-être? Je suis vraiment impatient de
> voir cette épreuve. Et bien sûr, je ne vais manquer ni le saut à la perche ni le
> saut en longueur. Ça va être super!
>   Bon, je m'arrête là. A la semaine prochaine. Grosses bises!
>   Karim

_____ 20. Karim expresses his excitement about winning a medal.

_____ 21. Karim fell off of the balance beam.

_____ 22. Karim is certain a Chinese girl will win the gold medal in gymnastics.

_____ 23. Karim is sure the Japanese will win the diving event.

_____ 24. Karim has met people from England, Russia, and Japan.

_____ 25. Karim is anxious to see the diving event, the pole vault, and the long jump.

SCORE _____

Chapter Test

F. A journalist is writing an article about her interview with an Olympic athlete. Match her questions with the athlete's responses. (10 points)

_____ 26. Vous êtes d'où?

a. Ma famille habite à Bruxelles, mais je suis de Liège.

_____ 27. On parle français chez vous?

b. La dentelle et les frites.

_____ 28. Qu'est-ce qu'on mange chez vous?

c. Oui, et flamand aussi.

_____ 29. Qu'est-ce qui est typique de chez vous?

d. Je trouve que c'est génial. Il y a beaucoup de choses à faire dans notre ville. J'aime surtout aller au Centre de la B.D.

_____ 30. C'est comment, la vie là-bas?

e. Toutes sortes de choses! Beaucoup de frites, de chocolat et de gaufres.

SCORE [   ]

III. Culture

Maximum Score: 12

G. Complete the following statements in English. (12 points)

31. The **Tour de France** is _____.

32. The Paris-Dakar Rally is _____.

33. The Roland-Garros tennis tournament is also known as _____.

34. The main purpose of the Olympic Games is to _____

_____.

SCORE [   ]

IV. Writing

Maximum Score: 28

H. Your school has been given money to buy athletic equipment. List at least two pieces of equipment in French that your school should buy for each of the sports listed below. (6 points)

1. la gymnastique : _____

   _____

2. le basket-ball : _____

   _____

3. l'escrime : _____

   _____

SCORE [   ]

I. Imagine you've just returned from the Olympic Games where you met people from all over the world! List at least three countries you would like to visit. Tell why you would like to visit these countries and what you would plan to see in each one. (10 points)

_____

_____

_____

_____

_____

_____

_____

_____

_____

_____

_____

_____

_____

_____

_____

_____

_____

_____

SCORE [   ]

Chapter Test

J. You're at the Olympic Games with some friends. Write a letter home to your parents describing the competitions you've seen so far, the people you've met, and your anticipation about the events you're going to see. (12 points)

SCORE [   ]

TOTAL SCORE [/100]

Circle the letter that matches the most appropriate response.

I. Listening

Maximum Score: 30

A. (10 points)

1. a b c d e
2. a b c d e
3. a b c d e
4. a b c d e
5. a b c d e

SCORE [____]

B. (10 points)

6. a b
7. a b
8. a b
9. a b
10. a b

SCORE [____]

C. (10 points)

11. a b c d e
12. a b c d e
13. a b c d e
14. a b c d e
15. a b c d e

SCORE [____]

II. Reading

Maximum Score: 30

D. (8 points)

16. a b
17. a b
18. a b
19. a b

SCORE [____]

E. (12 points)

20. a b
21. a b
22. a b
23. a b
24. a b
25. a b

SCORE [____]

F. (10 points)

26. a b c d e
27. a b c d e
28. a b c d e
29. a b c d e
30. a b c d e

SCORE [____]

III. Culture

Maximum Score: 12

G. (12 points)

31. _____

32. _____

33. _____

34. _____

SCORE [____]

French 3 Allez, viens!, Chapter 12

IV. Writing

Maximum Score: 28

H. (6 points)

1. _____

_____

2. _____

_____

3. _____

_____

SCORE [ ]

I. (10 points)

SCORE [ ]

J. (12 points)

SCORE [ ]

TOTAL SCORE [/100]

Quiz 12-1B Première étape

I. Listening

1. SEVERINE Les Etats-Unis, ça doit être cool!
   SON FRERE Je n'en ai aucun doute!
2. SEVERINE Mais je me demande si je ne me sentirai pas un peu seule.
   SON FRERE Je suis sûr que tu te feras des copains.
3. SEVERINE Il doit quand même y avoir des francophones.
   SON FRERE Ça, c'est sûr.
4. SEVERINE J'espère que Papa et toi, vous trouverez des places pour ma compétition.
   SON FRERE Je ne crois pas qu'on puisse obtenir des places très facilement.
5. SEVERINE Nous avons beaucoup travaillé mais je ne crois pas qu'on puisse gagner.
   SON FRERE C'est pas pour te décourager, mais ça m'étonnerait que vous gagniez.

Quiz 12-2B Deuxième étape

I. Listening

1. — J'étais en train de m'entraîner à la poutre quand tout d'un coup j'ai perdu ma concentration et je suis tombée. Qu'est-ce que je peux être nulle!
2. — Notre équipe a gagné! J'arrive pas à y croire!
3. — J'ai fait un bon saut à la perche. Mais, c'est un perchiste russe qui a battu le record. J'ai vraiment pas de chance!
4. — Oh, j'en ai vraiment marre! J'ai perdu tant de points cette fois-ci que je ne peux plus les rattraper.
5. — Youpi! Je l'ai eue, la médaille d'or! C'est vraiment le pied, non?

ANSWERS Quiz 12-1A

A. (20 points: 4 points per item)
1. le base-ball
2. la gymnastique
3. le basket-ball
4. l'escrime
5. l'athlétisme/le lancer du disque

B. (15 points: 3 points per item)
1. verra
2. donneront
3. sauront
4. aurai
5. rentrerai

C. (15 points: 3 points per item)
1. aurais
2. serais
3. ferait
4. aideraient
5. comprendrais

ANSWERS Quiz 12-1B

I. Listening
A. (15 points: 3 points per item)
1. a
2. a
3. a
4. b
5. b

II. Reading
B. (20 points: 4 points per item)
Answers may vary. Possible answers:
1. fencing, judo
2. gymnastics
3. gymnastics, judo
4. mask, epee, glove
5. fencing, judo, gymnastics

III. Writing
C. (11 points)
Answers will vary. Possible answer:
Je serai heureuse quand on arrivera au village olympique! Il me tarde de voir la gymnastique; c'est génial. Quand je verrai l'équipe de basket, je serai très contente! J'adore le sport! Dès que je serai là-bas, je t'écrirai une lettre.

IV. Culture
D. (4 points: 2 points per item)
Answers may vary. Possible answers: the **Tour de France,** the Roland-Garros tennis tournament (the French Open)

ANSWERS Quiz 12-2A

A. (20 points: 2 points per item)
1. viens du Sénégal
2. viens de Belgique
3. vient du Maroc
4. vient du Japon
5. viens des Etats-Unis
6. venons d'Italie
7. venez d'Espagne
8. vient du Mexique
9. viens du Canada
10. viennent de France

B. (10 points: 2 points per item)
Answers may vary. Possible answers:
1. Tu es d'où?
2. C'est comment, la vie là-bas?
3. Qu'est-ce qu'on y mange?
4. Qu'est-ce qu'on porte chez toi?
5. Qu'est-ce qui est typique de chez toi?

C. (20 points: 5 points per item)
Answers will vary. Possible answers:
1. Génial!
2. C'est trop cool!
3. C'est pas possible!
4. J'arrive pas à y croire!

ANSWERS Quiz 12-2B

I. Listening

A. (15 points: 3 points per item)
1. b
2. a
3. b
4. b
5. a

II. Reading

B. (20 points: 4 points per item)
Answers may vary. Possible answers:
1. France, Germany, and Mexico; no
2. He asks what his life is like, if there are cars there, and if he sees wild animals.
3. He imagines that his house is in the middle of a forest.
4. He tells Lucien that there are large cities as well as small villages.
5. Koffi hasn't traveled much because he has to study, but he has been to Italy.

III. Writing

C. (15 points: 5 points per item)
Answers will vary. Possible answers:
1. C'est trop cool! J'arrive pas à y croire!
2. Je suis tombée au dernier moment! Quelle angoisse!
3. Youpi! C'est vraiment le pied!

Scripts for Chapter Test • Chapitre 12

I. Listening

A. 1. — Tu as vu comment elle a tiré? Son niveau de concentration est vraiment incroyable.

    2. — Dommage! Elle a commencé son enchaînement et puis, elle est tombée de la poutre. Elle n'aura pas de médaille; ça, c'est sûr.

    3. — Oh là là! C'est fantastique, ça. C'est sûrement le jeune Russe qui va gagner le saut à la perche.

    4. — A mon avis, les athlètes qui sont les plus forts, ce sont ceux qui font de l'haltérophilie. Ils sont incroyables!

    5. — Oh, regarde! Elle a laissé tomber son épée. J'adore l'escrime. C'est vraiment un sport où les réflexes sont importants.

B. 6. — Alors, tu as gagné?
    — Non, c'est pas juste! Je sais que tous les joueurs de notre équipe ont fait de leur mieux, mais le lanceur n'arrivait pas à faire de strike!

    7. — C'était comment, le match?
    — C'était trop cool! Les Russes ont gagné à la dernière minute. Ils étaient à égalité avec les Américains quand le grand, là, a lancé le ballon et il a fait un panier. C'était vraiment le pied!

    8. — Quelle compétition est-ce que tu as vue cet après-midi?
    — Je suis allé au gymnase; j'ai vu l'Anglaise. Elle a vraiment été super sur la poutre! J'arrive pas à y croire! Qu'est-ce qu'elle s'est améliorée. Elle a dû s'entraîner beaucoup cette année.

    9. — Les boules!
    — Qu'est-ce qui s'est passé?
    — Quand c'était mon tour de tirer, j'ai perdu l'équilibre et la flèche est partie à droite. Je n'ai plus aucune chance de gagner maintenant!

    10. — Pourquoi tu portes cette tenue?
    — J'ai mon deuxième match dans quinze minutes.
    — Ah, oui! J'avais oublié. Tu as gagné le premier?
    — Non, et j'en ai vraiment marre! Je sais que je suis le meilleur. Je ne comprends pas ce qui se passe. Quelle angoisse!

C. 11. — Félicitations! Vous êtes d'où?
    — Je suis d'Espagne et je voudrais dire bonjour à toute ma famille à Madrid!

    12. — Et vous, mademoiselle, vous avez beaucoup pratiqué votre enchaînement aux barres chez vous, en Russie?
    — Oui, tous les jours.

    13. — C'est comment, la vie en Allemagne?
    — C'est vraiment fantastique.

    14. — Et vous, monsieur, d'où venez-vous?
    — Je viens de la République centrafricaine.

    15. — Vous avez gagné la médaille d'argent. Bravo! Le Mexique va être fier de vous!
    — Oui, je n'arrive pas à y croire!

Answers to Chapter Test • Chapitre 12

I. Listening   Maximum Score: 30 points

A. (10 points: 2 points per item)   **B.** (10 points: 2 points per item)   **C.** (10 points: 2 points per item)

1. b	6. a	11. a
2. e	7. b	12. e
3. a	8. b	13. c
4. c	9. a	14. b
5. d	10. a	15. d

II. Reading   Maximum Score: 30 points

D. (8 points: 2 points per item)   **E.** (12 points: 2 points per item)   **F.** (10 points: 2 points per item)

16. a	20. b	26. a
17. b	21. b	27. c
18. b	22. a	28. e
19. b	23. b	29. b
	24. b	30. d
	25. a	

III. Culture   Maximum Score: 12 points

G. (12 points: 3 points per item)
Answers will vary. Possible answers:
31. The **Tour de France** is <u>a bicycle race</u>.
32. The Paris-Dakar Rally is <u>a motorcycle and automobile race between the capitals of France and Senegal</u>.
33. The Roland-Garros tennis tournament is also known as <u>the French Open</u>.
34. The main purpose of the Olympic Games is to <u>promote understanding among people from many cultures</u>.

IV. Writing   Maximum Score: 28 points

H. (6 points: 2 points per item)   **I.** (10 points)   **J.** (12 points)
Answers will vary.   Answers will vary.   Answers will vary.
Possible answers:
  1. des barres asymétriques, une poutre
  2. le ballon, le panier
  3. des masques, des épées

I. Listening

Maximum Score: 28

A. Listen to the following remarks. Does the speaker live in **a) the city** or **b) the country?** (6 points)

1. _____   2. _____   3. _____   4. _____   5. _____   6. _____

SCORE _____

B. Listen to Marion tell Anna what their friends have done since Anna left. Then match the people with what they did. (5 points)

a.

b.

c.

d.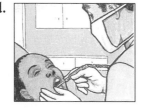

e.

_____ 7. Paul   _____ 8. Julie   _____ 9. Alain

_____ 10. Pierre   _____ 11. Nathalie

SCORE _____

C. Listen as Sylvie and her friend Jean-Luc talk about their vacation plans. Then decide whether these statements are **a) true** or **b) false.** (6 points)

_____ 12. Jean-Luc will be spending his vacation in Martinique.

_____ 13. Jean-Luc's sister scuba dives better than he does.

_____ 14. Jean-Luc once saw a shark swim near him.

_____ 15. Sylvie can't wait to get her braces off.

_____ 16. Sylvie will be taking driving lessons this summer.

_____ 17. Sylvie wrecked her parents' car.

SCORE _____

D. Listen to some friends talk about the movies or television shows they've seen. Is each show
a) **recommended** or b) **not?** (6 points)

18. _____ 19. _____ 20. _____ 21. _____ 22. _____ 23. _____

SCORE [   ]

E. Listen to the following remarks. Is the speaker a) **expressing astonishment** or
b) **cautioning someone?** (5 points)

24. _____ 25. _____ 26. _____ 27. _____ 28. _____

SCORE [   ]

II. Reading

Maximum Score: 30

F. Read this letter Larissa wrote to her friend Karim. Then decide whether these statements
are a) **true** or b) **false.** (6 points)

Cher Karim,

Ça fait déjà un mois que je suis arrivée ici. Je n'arrive pas à y croire! Comme la ville est différente! D'abord, il y a du bruit. La campagne était si tranquille. C'est fou comme il y a du monde ici! Au fait, je crois que c'est la foule qui me gêne le plus! Les gens sont très mal élevés et toujours pressés. Souvent, j'arrive en retard à mes cours à cause des embouteillages. Enfin, il faut s'y habituer. En fait, la vie en ville, ce n'est pas si mal que ça. Il y a beaucoup de choses à faire et à voir. J'aime bien regarder par la fenêtre de ma chambre; il y a des gratte-ciel superbes. Pour aller à l'université, j'ai acheté un vélomoteur. C'est chouette! Comme ça, c'est moins difficile de trouver des places de stationnement. Il y a aussi un arrêt de bus près de mon appartement. Alors, avec mon vélomoteur et le bus, je peux aller où je veux en ville! C'est pratique. La vie en ville est plus difficile, mais je suis contente d'y habiter. Je voudrais que tu viennes me voir! Tchao!

Larissa

_____ 29. Larissa has lived in the
city most of her life.

_____ 30. She thinks the worst
aspect of city life is the
crowds.

_____ 31. She's often late because
of the traffic jams.

_____ 32. Larissa bought a new
bicycle to get around
town.

_____ 33. She complains about
the skyscrapers.

_____ 34. She's very unhappy in
the city.

SCORE [   ]

G. Read this article about how some animals in the savannah give birth (**accoucher**), and about their newborn young. Then choose the name of the animal that correctly completes each statement that follows. (6 points)

N'oubliez pas de voir les «petites attractions» de la savane...

Les adorables **girafons**... A sa naissance, le girafon tombe de haut parce que sa mère accouche debout. Elle l'aide à se relever et le lèche pour s'imprégner de son odeur. Normalement, le girafon peut se mettre debout une heure après sa naissance.

L'éléphanteau est éduqué non seulement par sa mère, mais aussi par les autres femelles du troupeau. En s'occupant de lui, les jeunes femelles s'entraînent à leur futur rôle de mère. Normalement, la mère accouche d'un seul éléphanteau, mais de temps en temps, il y a des jumeaux.

Les lionceaux sont complètement dépendants de leur mère. Puisque les lions ne chassent que deux heures par jour, ils ont le temps de prendre soin de leurs jeunes. Normalement, la mère accouche de deux à quatre lionceaux. Les lionceaux, qui ne voient pas à la naissance, deviennent des joueurs infatigables dès qu'ils voient.

La mère **panthère** cache ses chatons avant de partir chasser. Quand elle est avec eux, elle les lèche à grands coups de langue. Elle est patiente et accepte les taquineries de ses petits quand elle joue avec eux.

---

a. les girafons
c. les lionceaux
b. les éléphanteaux
d. les chatons d'une panthère

According to the article, . . .

_____ **35.** . . . are often raised by more than one mother.

_____ **36.** . . . have mothers who occasionally give birth to twins.

_____ **37.** . . . have mothers who give birth to two to four babies.

_____ **38.** . . . are usually standing one hour after birth.

_____ **39.** . . . are blind at birth.

_____ **40.** . . . play with their patient mothers.

SCORE [   ]

H. Read this article about Louisiana. Then choose the correct completions for the statements that follow. (6 points)

GUIDE TOURISTIQUE DE L'ACADIANA

Venez découvrir la culture cadienne au cœur de l'Acadiana, une région où le français et les traditions des premiers Acadiens sont préservés. Ici, tous les prétextes sont bons pour faire la fête et vous vous rendrez vite compte qu'il fait bon vivre en Acadiana. A vous, la cuisine cajun, les promenades dans les bayous, les festivals en tous genres et la musique zydeco. En Acadiana, on aime s'amuser. Alors, venez nous rendre visite et, comme on dit ici, «Laissez les bons temps rouler.»

A goûter :

La cuisine cajun est renommée dans le monde entier. Alors, ne quittez pas l'Acadiana sans avoir dégusté quelques-uns des plats typiques de la région. Le gombo, une soupe à base de riz avec des épices et des fruits de mer, est peut-être l'un des plats les plus connus mais il y a bien d'autres spécialités tout aussi savoureuses. Essayez également le boudin ou l'andouille, deux sortes de saucisses, ou encore le célèbre jambalaya. Quant aux amateurs de poissons et de fruits de mer, ils adoreront les crabes farcis et les écrevisses à l'étouffée.

A voir :

Le Village Acadien : ce musée en plein air est une reconstitution d'un village acadien du 19ème siècle tel qu'il était lorsque les premiers immigrants s'y sont installés. Situé au milieu de cinq hectares de magnifiques jardins et de sous-bois, on y trouve de nombreuses maisons restaurées, un magasin, une forge, une chapelle et un musée.

Vermilionville : ce musée, installé sur les berges du bayou Vermilion, retrace également la vie en Acadiana au siècle dernier. En le visitant, vous découvrirez divers aspects des cultures acadienne et créole. Tout au long de l'année, des danseurs, chanteurs et musiciens en costumes traditionnels assurent l'animation lors des nombreux spectacles musicaux et folkloriques qui y sont offerts.

a. Le Village Acadien
b. Vermilionville
c. Le gombo
d. L'andouille

_____ 41. . . . offers music and folklore festivals.

_____ 42. . . . is a reconstruction of a 19th century village of Acadia.

_____ 43. . . . is a rice-based soup with spices and seafood.

_____ 44. . . . has a store, restored homes, and a chapel to visit.

_____ 45. . . . is a type of sausage.

_____ 46. . . . has magnificent gardens.

SCORE _____

1. Read the following interviews of some Olympic athletes from a teen magazine. Then choose the correct completions for the statements that follow. (8 points)

AMY LIU, 15 ANS	ALAIN THIBODEAUX, 17 ANS	MYRIAM DIAB, 20 ANS
Alors, quelle a été ton expérience des Jeux olympiques?	**Alors, quelle a été ton expérience des Jeux olympiques?**	**Alors, quelle a été ton expérience des Jeux olympiques?**
C'était vraiment fantastique! Bien sûr, la compétition était dure. Je suis très fière de ma médaille d'or. J'ai eu peur quand je suis presque tombée de la poutre pendant la compétition préliminaire, mais j'ai réussi aux épreuves des barres asymétriques. Un 10! C'est trop cool!	Excellente! J'ai gagné la médaille d'argent dans les épreuves d'escrime. Que je suis content! Je n'arrive pas à y croire.	Ben, la compétition n'était pas super. Pendant les épreuves de plongeon acrobatique, je suis tombée. Quelle angoisse! Mais pour ce qui est de l'expérience en général, c'était fantastique! J'ai rencontré beaucoup de gens et j'ai appris que le monde est vraiment petit. Ça serait chouette si je pouvais aller aux Etats-Unis un jour! On verra.
Qu'est-ce que tu vas faire après la compétition?	**Comment est-ce que tu as commencé l'escrime?**	
Comme je suis fatiguée, je vais partir en vacances. Je crois que je vais aller à la Guadeloupe. J'adore la mer! Je vais faire de la plongée et de la voile. J'ai une collection d'étoiles de mer chez moi.	Quand j'avais sept ans, j'ai reçu une épée et une tenue comme cadeau. Et puis, j'ai pris des leçons et voilà, vous connaissez la suite.	**Qu'est-ce que tu vas faire après la compétition?**
	Qu'est-ce que tu vas faire après la compétition?	Je retourne au plongeoir! Il me tarde de recommencer! Aux prochains Jeux olympiques, je vais gagner; ça, c'est sûr.
	D'abord, je vais faire la fête. Comme on dit chez moi, «Laissez les bons temps rouler!» Après, je serai très occupé. Je joue de la basse dans un groupe musical. On joue du blues et parfois du rock. C'est très cool! Notre premier concert sera dans trois mois. Et après, il y a toujours les prochains Jeux olympiques. J'y serai sûrement!	

a. Amy   **b.** Alain   **c.** Myriam

_____ **47.** . . . competed in the diving event.

_____ **48.** . . . is sure about winning in the next Olympic Games.

_____ **49.** . . . won a medal in gymnastics.

_____ **50.** . . . received an epee for a present.

_____ **51.** . . . is interested in music.

_____ **52.** . . . enjoys sea life.

_____ **53.** . . . was happy to meet people from all around the world.

_____ **54.** . . . is from Louisiana.

SCORE [   ]

J. Read these movie listings. Then choose the type of movie that best corresponds to each description. (4 points)

a. documentaire
b. dessin animé
c. drame

d. film policier
e. comédie

_____ 55. *Un jour sans fin* (93) de Harold Ramis. Un présentateur météo découvre qu'il revit indéfiniment la même journée. Un film qui va vous faire rire et sourire. Avec Bill Murray et Andie MacDowell. (vf) Grand Lafayette 13e.

_____ 56. *Une brève histoire du temps* (92) de Errol Morris. Adapté du livre de Stephen Hawking, le réalisateur met en images des théories scientifiques au cours d'un voyage en compagnie d'un savant d'exception. Une aventure fascinante. (vf) Le Beaumont 10.

_____ 57. *Le Fugitif* (93) de Andrew Davis. Accusé à tort du meutre de sa femme, le docteur Richard Kimble s'évade au moment de son transfert en prison. Poursuivi par la police, il essaie de trouver le véritable assassin. Beaucoup de suspense. (vo) Le Beaumont 10.

_____ 58. *Tintin et le temple du soleil* (69) de Raymond Leblanc. Tintin et ses amis partent à la recherche du professeur Tournesol, enlevé pour avoir profané une momie Inca. D'après la B.D. d'Hergé. Un programme pour toute la famille. Saint-Lambert 15e.

SCORE [ ]

III. Culture

Maximum Score: 15

K. Match each place to its description. (5 points)

_____ 59. le Canada
_____ 60. la Tunisie
_____ 61. la Louisiane
_____ 62. la République centrafricaine
_____ 63. la Guadeloupe

a. This group of islands is located north of Martinique.

b. Although the official language of this country is Arabic, seventy-five years as a French protectorate has left its mark on the country.

c. This country is divided into two principal regions: the savannah in the north and tropical rain forests in the south.

d. The explorer Cavelier de la Salle claimed this area in the name of France. Cajun French and Creole are spoken here.

e. The second largest French-speaking city in the world is located here.

SCORE [ ]

French 3 Allez, viens!, Final Exam

FINAL EXAM

L. Decide whether these statements about francophone countries are **a) true** or **b) false**. (5 points)

_____ **64.** Canada is a major force in the production of non-fiction and non-commercial films.

_____ **65.** Three types of music are associated with Louisiana: Cajun, zydeco and rock.

_____ **66.** A **chéchia** is a loose outer garment worn by women in Tunisia.

_____ **67.** The **Tour de France** is a grueling bicycle race between the capitals of Senegal and France.

_____ **68.** Inhabitants of Guadeloupe have the same rights and benefits as other French citizens.

SCORE [   ]

M. Imagine you've just visited one of the places listed below. You're writing about the trip for your school newspaper. Write at least three sentences in English describing what you saw and did and what your impressions were. (5 points)

La Tunisie	La Louisiane	La Guadeloupe	La République centrafricaine

_____

_____

_____

_____

_____

_____

_____

SCORE [   ]

IV. Writing

Maximum Score: 27

N. Tell what three types of television programs you enjoy and describe each one or say why you like it. (6 points)

1. _____

_____

2. _____

_____

3. _____

_____

SCORE [   ]

FINAL EXAM

O. You're on a class safari in the Central African Republic. Write a note to your friend back home and brag a little about the things you've seen and done during your trip. (9 points)

_____

_____

_____

_____

_____

_____

_____

_____

_____

_____

SCORE [   ]

P. Your friend is planning on seeing a movie this weekend and doesn't know what to see. Write him or her a note, recommending a movie to see. Tell what type of movie it is, what it's about, and what you thought of it. (12 points)

_____

_____

_____

_____

_____

_____

_____

_____

_____

_____

_____

_____

_____

_____

SCORE [   ]

TOTAL SCORE [/100]

Circle the letter that matches the most appropriate response.

I. Listening

Maximum Score: 28

A. (6 points)

1. a b
2. a b
3. a b
4. a b
5. a b
6. a b

SCORE _____

B. (5 points)

7. a b c d e
8. a b c d e
9. a b c d e
10. a b c d e
11. a b c d e

SCORE _____

C. (6 points)

12. a b
13. a b
14. a b
15. a b
16. a b
17. a b

SCORE _____

D. (6 points)

18. a b
19. a b
20. a b
21. a b
22. a b
23. a b

SCORE _____

E. (5 points)

24. a b
25. a b
26. a b
27. a b
28. a b

SCORE _____

FINAL EXAM

II. Reading

Maximum Score: 30

F. (6 points)

29. a b
30. a b
31. a b
32. a b
33. a b
34. a b

SCORE _____

G. (6 points)

35. a b c d
36. a b c d
37. a b c d
38. a b c d
39. a b c d
40. a b c d

SCORE _____

H. (6 points)

41. a b c d
42. a b c d
43. a b c d
44. a b c d
45. a b c d
46. a b c d

SCORE _____

I. (8 points)

47. a b c
48. a b c
49. a b c
50. a b c
51. a b c
52. a b c
53. a b c
54. a b c

SCORE _____

J. (4 points)

55. a b c d e
56. a b c d e
57. a b c d e
58. a b c d e

SCORE _____

III. Culture

Maximum Score: 15

K. (5 points)

59. a b c d e
60. a b c d e
61. a b c d e
62. a b c d e
63. a b c d e

SCORE _____

L. (5 points)

64. a b
65. a b
66. a b
67. a b
68. a b

SCORE _____

M. (5 points)

_____
_____
_____
_____
_____
_____
_____
_____
_____
_____

SCORE _____

FINAL EXAM

IV. Writing

Maximum Score: 27

N. (6 points)

1. _____

_____

2. _____

_____

3. _____

_____

SCORE ☐

O. (9 points)

_____

_____

_____

_____

_____

_____

_____

SCORE ☐

P. (12 points)

_____

_____

_____

_____

_____

_____

_____

_____

SCORE ☐

TOTAL SCORE ☐ /100

FINAL EXAM

Scripts for Final Exam

I. Listening

A.
1. — Tu sais, je ne peux pas venir chez toi. C'est la saison des dattes.
2. — Ah, ces embouteillages! J'en ai marre, moi!
3. — C'est insupportable, à la fin, ces gens pressés. Et quelle foule!
4. — Tiens, tu vois? Par là, c'est l'arrêt de bus.
5. — Non, Henri, tu ne peux pas aller chez tes copains. Tu dois d'abord traire les vaches.
6. — Je ne peux jamais trouver de place de stationnement. J'en ai ras le bol!

B.

MARION	Tiens, Anna! Alors, comment s'est passée ton année aux Etats-Unis?
ANNA	Super! Je me suis vraiment bien amusée. Et puis, j'ai fait beaucoup de progrès en anglais. Et ici? Quoi de neuf depuis mon départ?
MARION	Plein de choses. Paul a fini ses études et il a déjà trouvé du travail.
ANNA	C'est pas vrai!
MARION	Si, dans une banque. Il est super content.
ANNA	Ah oui?
MARION	Oui. Et Julie s'est fait enlever ses bagues la semaine dernière.
ANNA	Super! Elle doit être vachement contente.
MARION	Sinon, quoi d'autre? Ah oui! Alain a commencé à prendre des leçons de conduite. Il passe son permis le mois prochain.
ANNA	Tu plaisantes? Il a l'âge?
MARION	Oui, il a fêté ses dix-huit ans il y a quinze jours. Il a fait une boum chez lui. Et tu ne devineras jamais ce qui s'est passé à la boum.
ANNA	Aucune idée. Dis vite.
MARION	Eh ben, Pierre est tombé dans l'escalier et il s'est cassé les deux jambes!
ANNA	Oh, c'est pas de chance, ça! Pauvre Pierre! Et à part ça?
MARION	Ah, j'oubliais! Tu connais la dernière?
ANNA	Non. Raconte.
MARION	Figure-toi que Nathalie a rencontré le garçon de ses rêves et elle s'est fiancée. Ils vont se marier en juillet.
ANNA	Pas possible! Alors là, ça m'étonnerait. Nathalie a toujours dit qu'elle ne voulait pas se marier avant d'avoir au moins vingt-cinq ans.
MARION	Si, je t'assure que c'est vrai.

C.

SYLVIE	Salut, Jean-Luc. Où est-ce que tu vas passer tes vacances?
JEAN-LUC	Je vais à la Guadeloupe avec mes parents. On y est déjà allés l'année dernière. Le climat est super là-bas. Dès que j'y serai, j'irai me baigner à la plage.
SYLVIE	Ah, bon? Et quoi d'autre?
JEAN-LUC	On fera certainement de la plongée aussi. Je suis le meilleur de ma famille. Ma sœur a peur des méduses et des pieuvres. Mais pas moi. Une fois, un requin est passé à côté de moi. C'était vraiment le pied!
SYLVIE	Tu en as, du courage. Ça doit être vraiment intéressant de voir du corail et des poissons de près. Ça serait chouette si je pouvais partir en vacances cet été.
JEAN-LUC	Alors, qu'est-ce que tu vas faire si tu ne pars pas?
SYLVIE	Rien d'intéressant. Je vais peut-être travailler. Mais en juillet, je vais me faire enlever mes bagues. Chouette, hein! Il me tarde aussi de prendre des leçons de conduite. Mes parents me l'ont promis cet été. Figure-toi que mon frère a embouti leur voiture la première fois qu'il l'a conduite!
JEAN-LUC	C'est terrible, ça.
SYLVIE	Bon, envoie-moi une carte postale de la Guadeloupe, O.K.?
JEAN-LUC	D'accord. Passe de bonnes vacances. On se voit à la rentrée.

D.   18. — Il était comment, le dernier film de Depardieu?
         — Franchement, je me suis ennuyé à mourir.
     19. — Alors, tu as aimé *la Famille Pierrafeu®?*
         — Non, ça ne vaut vraiment pas le coup!
     20. — Qu'est-ce qu'il y a comme bons films en ce moment?
         — Je te recommande *le Fugitif.* C'est à ne pas manquer.
     21. — Ne va surtout pas voir ce film.
         — Ah bon? Pourquoi?
         — C'est ennuyeux à mourir.
     22. — Tu devrais aller voir *L'Histoire d'un homme invisible.* C'est très rigolo!
         — Bon, je vais y aller la semaine prochaine.
     23. — Il était comment, ton western?
         — C'était un navet.

E.   24. — Regarde! C'est fou comme il va vite!
     25. — Je n'ai jamais vu un animal aussi gros que ça!
     26. — Méfiez-vous! Le rhinocéros peut charger.
     27. — Oh, dis donc! Elles sont tellement grandes, ces girafes!
     28. — Fais gaffe! Il y a un serpent près de ton pied!

French 3 Allez, viens!, Final Exam

Answers to Final Exam

I. Listening   Maximum Score: 28 points

A. (6 points: 1 point per item)
1. b
2. a
3. a
4. a
5. b
6. a

B. (5 points: 1 point per item)
7. c
8. d
9. e
10. a
11. b

C. (6 points: 1 point per item)
12. b
13. b
14. a
15. a
16. a
17. b

D. (6 points: 1 point per item)
18. b
19. b
20. a
21. b
22. a
23. b

E. (5 points: 1 point per item)
24. a
25. a
26. b
27. a
28. b

II. Reading   Maximum Score: 30 points

F. (6 points: 1 point per item)
29. b
30. a
31. a
32. b
33. b
34. b

G. (6 points: 1 point per item)
35. b
36. b
37. c
38. a
39. c
40. d

H. (6 points: 1 point per item)
41. b
42. a
43. c
44. a
45. d
46. a

I. (8 points: 1 point per item)
47. c   51. b
48. c   52. a
49. a   53. c
50. b   54. b

J. (4 points: 1 point per item)
55. e
56. a
57. d
58. b

III. Culture   Maximum Score: 15 points

K. (5 points: 1 point per item)
59. e
60. b
61. d
62. c
63. a

L. (5 points: 1 point per item)
64. a
65. b
66. b
67. b
68. a

M. (5 points)
Answers will vary.

IV. Writing   Maximum Score: 27 points

N. (6 points: 2 points per item)
Answers will vary.

O. (9 points)
Answers will vary.

P. (12 points)
Answers will vary.

To the Teacher

Speaking Tests

The primary goal of *Allez, viens!* is to help students develop proficiency in French. The speaking tests in the *Testing Program* have been designed to help assess students' proficiency in understanding and speaking French. The speaking tests, which measure how well students use the language in contexts that approximate real-life situations, reflect the interview/role-play format of the Situation Cards in the *Activities for Communication*. You can choose to set up interviews with each student, role-play the short situations with individual students, or have pairs of students act out the role-play situations spontaneously as you observe.

Administering a speaking test requires approximately three to five minutes with each student or pair of students. You might administer a speaking test to one student or a pair of students while the others are working on the reading and writing sections of a Chapter Test or on any written assignment. Make sure that you and the student(s) are seated far enough from others so that you will not disturb them. Instruct the student(s) to speak in a soft but audible voice. If such an arrangement is not possible, you might want to meet with students at mutually agreed upon times outside of class.

The Speaking Test Evaluation Form on page 294 will help you assess each student's performance. At the end of each test, take a moment to note your impressions of the student's performance on the evaluation form. The following guidelines offer one possible way to determine a student's global score, based on the evaluation.

18–20 pts: The student accomplishes the assigned task successfully, speaks clearly and accurately, and brings additional input to the basic situation (for example, using functions or structures that beginning language learners seldom use spontaneously).

15–17 pts: The student accomplishes the assigned task successfully with few errors, is able to communicate effectively in spite of these errors, and offers meaningful responses.

12–14 pts: The student accomplishes the task with difficulty. He or she demonstrates minimum oral competence, hesitates frequently, and offers minimal, predictable responses.

9–11 pts: The student is unable to accomplish the task or fails to demonstrate acceptable use of functions, vocabulary, and grammatical structures.

0–8 pts: Communication is almost non-existent. The student does not understand the aural cues and is unable to accomplish the task. Errors are so extreme that communication is impossible.

Speaking Test Evaluation Form

Chapter _____ ☐ Interview ☐ Role-Play ☐ Other format

Targeted Function(s) _____
_____
_____

Context (Topic) _____

COMPREHENSION (ability to understand aural cues and respond appropriately)	(EXCELLENT)	4	3	2	1	(POOR)
COMPREHENSIBILITY (ability to communicate ideas and be understood)	(EXCELLENT)	4	3	2	1	(POOR)
ACCURACY (ability to use structures and vocabulary correctly)	(EXCELLENT)	4	3	2	1	(POOR)
FLUENCY (ability to communicate clearly and smoothly)	(EXCELLENT)	4	3	2	1	(POOR)
EFFORT (inclusion of details beyond the minimum predictable response)	(EXCELLENT)	4	3	2	1	(POOR)

TOTAL POINTS [ ]

NOTES:

_____
_____
_____
_____
_____
_____

SPEAKING TESTS

French 3 Allez, viens!

France, les régions

Speaking Test

Targeted Functions: renewing old acquaintances; inquiring; expressing enthusiasm and dissatisfaction; exchanging information; expressing indecision; making recommendations; ordering and asking for details

A. Interview

Have students answer these questions in French.

1. **Ça fait longtemps qu'on ne s'est pas vu(e)s. Quoi de neuf?**
2. **C'était comment, tes vacances?**
3. **Tu es parti(e) ou tu es resté(e) ici?**
4. **Qu'est-ce que tu as fait?**
5. **Quel temps est-ce qu'il a fait?**

B. Role-play

Have pairs of students act out the following situation, or act it out yourself with a student.

You're trying out a new restaurant. Everything on the menu looks great, so you're having trouble deciding what to order. Ask the waiter for a recommendation. Find out what the special of the day is. Order your food and something to drink.

Belgique, nous voilà!

Speaking Test

Targeted Functions: asking for and giving directions; expressing impatience; reassuring someone; expressing enthusiasm and boredom; asking and telling where things are

A. Interview

Have students answer these questions in French.

1. **Où se trouve la cantine, s'il te plaît?**
2. **Et comment on va à la bibliothèque?**
3. **Tu aimes les bandes dessinées?**
4. **Comment tu trouves** *Calvin et Hobbes*®?
5. **Moi, je déteste** *les Peanuts*®. **C'est rasant. Et toi, qu'est-ce que tu en penses?**
6. **Qu'est-ce que tu dis quand tu es très impatient?**

B. Role-play

Have pairs of students act out the following situation, or act it out yourself with a student.

You want to go to a friend's house to work on a school project about comic books. Your parent wants to know where you're going and what you'll be doing there. You explain and tell your parent you're in a hurry. He or she insists on knowing how to get to your friend's house, so you give the directions.

S P E A K I N G   T E S T S

3 Soyons responsables!

Speaking Test

Targeted Functions: asking for, granting, and refusing permission; expressing obligation; forbidding; reproaching; justifying your actions and rejecting others' excuses

A. Interview
Have students answer these questions in French.
1. **Qu'est-ce que tu fais à la maison pour aider ta famille?**
2. **Qu'est-ce que tu détestes faire à la maison? Pourquoi?**
3. **Si tu veux sortir, qu'est-ce que tu dis à tes parents pour leur demander la permission?**
4. **Qu'est-ce qu'il est interdit de faire dans ton lycée?**
5. **Pour être responsable, qu'est-ce que tu devrais faire?**
6. **Qu'est-ce que tu dis à un ami qui jette des ordures par terre?**

B. Role-play
Have pairs of students act out the following situation, or act it out yourself with a student.

You want to go to a friend's house to watch a movie Thursday night. Ask your parent for permission. He or she wants more details. Your parent wants you to do some chores around the house before you go.

---

4 Des goûts et des couleurs

Speaking Test

Targeted Functions: asking for and giving opinions; asking which one(s); pointing out and identifying people and things; paying and responding to compliments; reassuring someone

A. Interview
Have students answer these questions in French.
1. **Qu'est-ce que tu aimes comme vêtements? Pourquoi?**
2. **Qu'est-ce que tu aimes porter pour aller à une boum?**
3. **Qu'est-ce que tu penses de mes chaussures?**
4. **Tu préfères les cheveux longs ou les cheveux courts?**
5. **Quels styles de coiffure est-ce que tu aimes?**

B. Role-play
Have pairs of students act out the following situation, or act it out yourself with a student.

You and a friend are shopping for clothes. Point out items to each other and give your opinions of them.

French 3 Allez, viens!

C'est notre avenir

Speaking Test

Targeted Functions: asking about and expressing intentions; expressing conditions and possibilities; asking about future plans; expressing wishes; expressing indecision; giving advice; requesting information; writing a formal letter

A. Interview
Have students answer these questions in French.
1. **Qu'est-ce que tu penses faire cet été?**
2. **Qu'est-ce que tu comptes faire après le lycée?**
3. **Moi, j'adore les voitures. Qu'est-ce que tu me conseilles de faire?**
4. **Ce qui me plairait, c'est d'être chanteur/chanteuse. Et toi?**
5. **Quel est ton rêve?**

B. Role-play
Have pairs of students act out the following situation, or act it out yourself with a student.

You and a friend are talking about your future career plans. Ask each other what you plan to do after high school. Discuss why you want to pursue these careers and give each other advice on how to prepare for them.

Ma famille, mes copains et moi

Speaking Test

Targeted Functions: making, accepting, and refusing suggestions; making arrangements; making and accepting apologies; showing and responding to hospitality; expressing and responding to thanks; quarreling

A. Interview
Have students answer these questions in French.
1. **Ça te plairait d'aller faire les magasins ce week-end?**
2. **Où est-ce qu'on se retrouve?**
3. **Pardonne-moi de ne pas t'avoir téléphoné hier soir. Tu m'en veux?**
4. **Est-ce que tu es l'aîné(e)? Le/La benjamin(e)?**
5. **Quand tu te disputes avec quelqu'un, qu'est-ce que tu lui dis?**
6. **Qu'est-ce que tu dis quand des invités arrivent chez toi?**

B. Role-play
Have pairs of students act out the following situation, or act it out yourself with a student.

You arrived late at a friend's house for dinner. Apologize for being late and offer an excuse. Your friend accepts the apology and welcomes you hospitably. Be sure to respond appropriately.

SPEAKING TESTS

7 Un safari-photo

Speaking Test

Targeted Functions: making suppositions; expressing doubt and certainty; asking for and giving advice; expressing astonishment; cautioning someone; expressing fear; reassuring someone; expressing relief

A. Interview
Have students answer these questions in French.
1. **Nous allons faire un safari-photo en Afrique. Qu'est-ce qu'il faut qu'on emporte?**
2. **Tu crois qu'on devrait emporter une carte de crédit?**
3. **Quels animaux est-ce que tu crois qu'on va voir dans la forêt tropicale? Dans la savane?**
4. **Imagine que nous sommes en Afrique. Tu vois un rhinocéros. Qu'est-ce que tu me dis?**
5. **Il y a un serpent dans l'herbe. J'ai très peur des serpents. Qu'est-ce que tu me dis?**

B. Role-play
Have pairs of students act out the following situation, or act it out yourself with a student.

You and a friend are on a safari. Your friend got out of the jeep to take pictures and didn't see a lion lurking nearby. Caution your friend and reassure him or her. Express your relief when your friend gets back in the jeep safely.

8 La Tunisie, pays de contrastes

Speaking Test

Targeted Functions: asking someone to convey good wishes; closing a letter; expressing hopes or wishes; giving advice; complaining; expressing annoyance; making comparisons

A. Interview
Have students answer these questions in French.
1. **Qu'est-ce que tu ferais cet été si tu avais le choix?**
2. **Qu'est-ce que tu ferais si tu gagnais beaucoup d'argent?**
3. **Qu'est-ce qu'il y a dans une grande ville?**
4. **Comment est la vie à la campagne?**
5. **Qu'est-ce que tu préfères, la vie à la ville ou la vie à la campagne? Pourquoi?**
6. **Tu essaies de trouver une place de parking devant un magasin, mais quelqu'un te prend ta place. Qu'est-ce que tu lui dis?**

B. Role-play
Have pairs of students act out the following situation, or act it out yourself with a student.

You and your best friend both live in the country. Your friend has been invited to spend the summer with relatives in the city. Discuss the advantages and disadvantages of living in the city as opposed to the country. Tell your friend what you think he or she should do.

French 3 Allez, viens!

CHAPITRE **9**

C'est l'fun!

Speaking Test

Targeted Functions: agreeing and disagreeing; expressing indifference; making requests; asking for and making judgments; asking for and making recommendations; asking about and summarizing a story

A. Interview

Have students answer these questions in French.

1. **Les publicités sont vraiment bêtes, non?**
2. **Quelles sortes d'émission est-ce que tu aimes regarder?**
3. **Qu'est-ce qu'il y a comme bons films en ce moment?**
4. **Tu as vu un film récemment? C'était comment?**
5. **De quoi ça parle? Comment ça se termine?**

B. Role-Play

Have pairs of students act out the following situation, or act it out yourself with a student.

You and your friend are going to see a movie this weekend. Tell each other what type of movie you want to see and make a recommendation. Finally, decide which movie you're going to see.

CHAPITRE **10**

Rencontres au soleil

Speaking Test

Targeted Functions: bragging; flattering; teasing; breaking some news; showing interest; expressing disbelief; telling a joke

A. Interview

Have students answer these questions in French.

1. **C'est pas pour me vanter, mais moi, j'ai eu la meilleure note en français! Qu'est-ce tu en penses?**
2. **Et toi, tu es fort(e) en quoi?**
3. **Je vais aller à la Guadeloupe pendant les vacances. Qu'est-ce qu'il y a à voir là-bas?**
4. **Qu'est-ce qui s'est passé depuis le mois dernier?**
5. **Moi, j'ai entendu dire que... Et toi?**

B. Role-Play

Have pairs of students act out the following situation, or act it out yourself with a student.

You missed a week of school when you fell and broke your leg. With a friend, catch up on news about your friends and classmates.

SPEAKING TESTS

Laissez les bons temps rouler!

Targeted Functions: asking for confirmation; asking for and giving opinions; agreeing and disagreeing; asking for explanations; making observations; giving impressions

A. **Interview**

Have students answer these questions in French.
1. **Si je me souviens bien, tu as seize ans. C'est ça?**
2. **Est-ce que tu joues d'un instrument de musique? De quel instrument?**
3. **Qu'est-ce que tu écoutes comme musique?**
4. **Ça te branche, le jazz/le blues/le country?**
5. **Qu'est-ce qu'il y a dans le gombo?**
6. **Qu'est-ce que tu penses de la Louisiane?**

B. **Role-Play**

Have pairs of students act out the following situation, or act it out yourself with a student.

You and your friend are planning a party. Make suggestions about the types of music you'd like to have and come to an agreement.

Echanges sportifs et culturels

Targeted Functions: expressing anticipation; making suppositions; expressing certainty and doubt; inquiring; expressing excitement and disappointment

A. **Interview**

Have students answer these questions in French.
1. **Qu'est-ce que tu aimes faire comme sport?**
2. **Moi, j'aimerais bien faire de l'escrime. Qu'est-ce qu'il me faut comme équipement?**
3. **Tu viens de gagner une médaille d'or aux Jeux olympiques. Qu'est-ce que tu dis?**
4. **Qu'est-ce qui est typique de chez toi?**
5. **C'est comment, la vie là-bas?**

B. **Role-Play**

Have pairs of students act out the following situation, or act it out yourself with a student.

You're at the Olympics with a friend. Discuss several sporting events and express anticipation about seeing them. Discuss what you think will happen. Decide with your friend which events you will watch and why.

SPEAKING TESTS